Vers quel monde allons-nous ?

Des raisons d'être inquiet

Chantal de Laveleye

Vers quel monde allons-nous ?

Des raisons d'être inquiet

A mes petits-enfants

C'est un sentiment d'inquiétude pour l'avenir de mes petits enfants qui m'a poussée à écrire, avec la volonté d'en clarifier et d'en objectiver les multiples raisons.

Ancrée dans ce début du XXIe siècle, ma réflexion s'est appuyée sur un constat qui touche à des domaines très diversifiés. Le diagnostic qui en découle est celui d'un monde engagé dans une impasse. Pour la première fois de son histoire, l'humanité semble face à un défi collectif dont elle est responsable et dont l'enjeu est sa survie sur notre planète.

En même temps que je menais cet effort de synthèse transdisciplinaire, je rassemblais de très nombreux faits qui étaient, eux, porteurs d'espoir et témoignaient d'un autre avenir possible, celui d'un monde nouveau déjà en construction.

Il en est résulté deux livres, complémentaires et édités simultanément, dont celui-ci est le premier. Le second a comme titre « *Un monde nouveau en devenir, des raisons d'espérer* ».

Je livre ce message à la réflexion de tous ceux qui prendront la peine de le lire, et, plus particulièrement à vous, les jeunes, qui avez à la fois besoin de lucidité et d'espoir pour construire votre futur.

Merci à Alex, Aude et Corto pour l'intérêt qu'ils ont très vite manifesté pour mon projet et leurs remarques pertinentes.

Merci à mes amis des Lachiores pour leurs encouragements stimulants.

Merci à Marcelle pour la fidélité de son soutien, pour ses suggestions très bienvenues et pour la qualité de son travail de relecture et de correction.

Un jour qu'il marchait sur la route, Khoni vit un homme plantant un caroubier. Il lui dit : « Cet arbre, dans combien d'années portera-t-il ses fruits ? » « Il ne portera pas de fruits avant que 70 ans aient passé » lui répondit l'homme.

Khoni lui demanda : « Comptes-tu vivre encore 70 ans pour t'attendre à pouvoir profiter de cet arbre ? » L'homme secoua la tête : « A ma naissance, j'ai trouvé un monde plein de caroubiers. De même que mes ancêtres avaient planté pour moi, je plante pour ceux qui sont à venir ».

Extrait du Talmud

Préambule
L'avenir de l'humanité en question

« Des urgences du temps long qui sont celles non pas de la planète, mais de l'humanité »
Pierre Rosanvallon (historien et sociologue)

L'anthropocène, une ère nouvelle

En quelques millions d'années, l'espèce humaine s'est répandue sur toute la Terre. L'ensemble des terres habitées (« l'œkoumène » des Grecs) est aujourd'hui loin d'être continu (il subsiste de vastes zones non peuplées de manière permanente) ; mais l'Homme a profondément marqué de son empreinte la surface entière de notre planète.

De nombreux auteurs pensent que notre époque est tellement marquée par l'impact massif des activités humaines sur la biosphère et la géosphère que nous sommes à présent entrés dans une nouvelle ère géologique. Après le pléistocène et l'holocène de l'ère quaternaire nous serions à présent dans **« l'anthropocène » : une époque caractérisée par l'impact sans précédent de l'Homme sur son environnement terrestre en général et le climat plus particulièrement**.

> La proposition du concept et du néologisme (du grec « anthropos » : être humain et « kainos » : récent, nouveau) remonte au début des années 2000 par le chimiste néerlandais P. Crutzen.
> Il s'agissait pour lui d'un âge où l'empreinte humaine sur l'environnement est devenue si intense qu'elle rivalise avec les forces de la nature ; et il pensait qu'on pourrait situer son début à la fin du XVIIIe siècle « *quand les analyses de l'air captif dans la glace polaire ont montré le début d'une augmentation des*

concentrations globales de dioxyde de carbone et de méthane (une époque qui coïncide avec l'invention de la machine à vapeur) ».

Remarquons qu'il ne s'agissait nullement, pour Crutzen d'une remise en question de la science ou de la technique ; bien au contraire, il comptait sur les scientifiques et les ingénieurs « *pour guider l'humanité vers une gestion durable sur le plan environnemental sous l'ère de l'Anthropocène* ».

La datation du début de cette période est l'objet d'un débat dont l'importance ne me semble pas majeure : c'est le concept lui-même qui est intéressant pour fonder notre réflexion sur le passé comme sur l'avenir. Très nombreux sont ceux qui l'ont adopté.

Parmi eux le chercheur français Michel Magny, dont ouvrage paru en 2019 avec pour titre *« Aux racines de l'Anthropocène, une crise écologique reflet d'une crise de l'homme »* est une synthèse fouillée remarquable sur le sujet.

Il y souligne la singularité « technicienne » de l'espèce humaine fondée sur le couple dynamique que forment la science et la technique, la première nourrissant la seconde, et celle-ci visant à une exploitation toujours plus performante de la nature. C'est au point que la technique a été retenue comme marqueur premier des progrès de l'humanité, une Histoire qui va de la maîtrise du feu et des premiers outils de pierre jusqu'aux premiers pas sur la lune… « *la foi en la continuité du Progrès autorisant une constante fuite en avant* ».

Mais, aujourd'hui, nous prenons conscience que la Technique censée résoudre tous les problèmes humains est devenue elle-même un problème, nouveau et capable de mettre en danger l'avenir de l'humanité elle-même !

Le Grande Accélération, nous dit Michel Magny, est ce moment de l'Anthropocène caractérisé, depuis 1960, « *par un brusque accroissement de l'emprise de l'Homme sur la nature du fait d'une augmentation sans précédent du nombre des humains, de la production économique (PIB) et des progrès technologiques (nombre de brevets)* ».

Sommes-nous suffisamment conscients du fait que, de l'après-guerre à aujourd'hui, la population mondiale a triplé et la production mondiale a été multipliée par 10 ?

Des tendances évolutives sources d'inquiétude

Nombreux sont ceux qui pensent qu'un regard positif peut être porté sur l'évolution du monde depuis le milieu du XXe siècle : la Déclaration des Droits de l'Homme (judicieusement rebaptisée récemment « des Droits humains » !), la diminution des guerres entre Etats, la réduction de la faim dans les pays de l'ex-Tiers Monde, l'augmentation générale de l'espérance de vie, le taux d'alphabétisation en hausse, le nombre croissant des personnes ayant un accès à l'eau potable… autant d'exemples qui alimentent une foi dans le « *Progrès de la Civilisation* ».

Mais cette vision optimiste risque, malheureusement, de nous aveugler quant aux nouveaux défis qui s'annoncent pour l'avenir.

Je fais partie de ceux, de plus en plus nombreux de nos jours, qui témoignent de leur inquiétude pour l'avenir de leurs descendants. En raison de faits qui, loin d'être des « crises » (par définition temporaires), semblent être des tendances persistantes de l'évolution du monde qui risquent, à plus ou moins long terme, de mener l'humanité dans une impasse.

La grande peur de ma génération était le retour d'une nouvelle guerre mondiale dans le contexte de l'opposition entre deux blocs armés de la puissance nucléaire ; aujourd'hui l'inquiétude des jeunes, relayant celle des scientifiques, se focalise sur le réchauffement climatique.

Je commencerai donc par parler, longuement, de cette première cause d'inquiétude, un réchauffement qui devient la cause d'un dérèglement climatique à l'échelle planétaire, avec de nombreuses conséquences alarmantes.

Mais il me semble qu'il y a beaucoup d'autres raisons de s'inquiéter pour l'avenir des générations futures : la chute de la biodiversité, la déforestation tropicale, le risque de pénurie d'eau et de ressources minérales, diverses pollutions, le risque nucléaire, la mondialisation sous le diktat du néolibéralisme, la montée des populismes...

Il s'agit de tendances lourdes qui se sont accentuées en ce début du XXIe siècle et dont tout porte à craindre qu'elles ne se poursuivent, à défaut d'une volonté collective radicale de changement.

Dans ce premier volume, je vais tenter d'en faire le bilan, le plus objectivement possible, à partir d'une observation de nombreux faits récents. Nous verrons qu'ils sont en étroite liaison.

Le dérèglement climatique

> *« Dans un débat scientifique, de nombreux points de vue peuvent voir le jour. Mais lorsque la question est tranchée, il n'en demeure qu'un »*
> *N.Oreskes et E.M. Conway (historiens)*

Depuis deux ou trois ans, la question du réchauffement climatique est devenue un sujet à la une de l'actualité. Des scientifiques lancent des messages d'alerte ; les médias l'évoquent de plus en plus souvent ; les marches « pour le climat » se multiplient ; les partis politiques l'insèrent dans leurs discours et leurs programmes... autant de témoignages d'une inquiétude grandissante.

L'évocation de nos souvenirs des conditions météorologiques locales du passé ne suffit pas à étayer la réalité d'un réel changement du climat à l'échelle de la planète (car des variations, même fortes, d'une année à l'autre sont normales). C'est sur des données enregistrées sur le long terme (plusieurs décennies) que se fonde la climatologie.

Les rapports du GIEC

Un *Groupe Intergouvernemental sur l'Evolution du Climat (*le GIEC*)* a été créé en 1988. Il regroupe 195 Etats. Ses travaux sont le fruit des recherches de milliers de scientifiques. Ils s'efforcent de faire la synthèse des connaissances en matière de climat (mécanismes du changement, adaptation au changement, moyens d'atténuer le changement). L'objectif est de constituer un socle scientifique commun à tous les gouvernements dans le but d'éclairer leurs décisions.

> En science, un examen critique par les pairs est une étape indispensable à l'évaluation du bien-fondé d'un article ou d'un rapport. Au sein du GIEC le dispositif de relecture est exceptionnellement étendu et complet : cela permet d'assurer que les erreurs ont été corrigées et que les argumentations ont été convaincantes.

Le GIEC a déjà publié 6 rapports (avec une version résumée à l'intention des décideurs politiques) fondés sur une recherche interdisciplinaire sans précédent dans l'histoire. Le dernier rapport, qui date d'octobre 2018, a connu un plus grand retentissement médiatique que les précédents (avec cependant une communication souvent biaisée parce que partielle ou trop simpliste). La nouvelle coprésidente du GIEC (*Valérie Masson-Delmotte*) a présenté remarquablement ce rapport au Sénat français lors d'une audition le 10/10/18 (disponible sur You Tube).

Les tendances récentes de l'évolution

Le glaciologue belge Jean-Louis Tison, lors d'une de ses récentes conférences (en février 2020), les a résumées comme suit :

- **Augmentation de la température moyenne globale de l'air**
  L'ordre de grandeur est déjà une augmentation de l'ordre de 1 ° par rapport au niveau préindustriel… et qui ne fait que croître.
- **Augmentation de la température des océans**
  Elle est observée jusqu'à 3000 m de profondeur.
  L'océan est un vaste réservoir de chaleur (l'essentiel de l'énergie thermique y est stockée).
- **Relèvement du niveau marin**
  L'élévation annuelle moyenne a été de >3 mm au cours des deux dernières décennies ; il est question de 1 m en moyenne à l'horizon 2100. Des pays comme le Bangladesh et l'Indonésie en sont déjà victimes.
  Elle a deux causes : l'expansion thermique des océans (par dilatation) et la fonte des glaciers (arctique, antarctique et de montagne).

L'avenir est incertain, car le processus de fonte des glaces n'est pas linéaire (il peut s'accélérer brutalement en deçà d'une certaine masse critique).

- **Réduction de la banquise**
  En étendue (surtout en Arctique où le passage du N-O est désormais ouvert avec d'alléchantes possibilités nouvelles d'exploitation des richesses minières !) comme en épaisseur (ce qui est moins visible).
- **Fonte du pergélisol (ou permafrost)**
  Il s'agit du sol gelé en permanence à grande profondeur dans les régions polaires et de montagne.
  Son dégel progressif libère d'énormes réserves de matières organiques sous forme de CO_2 et de méthane (CH_4 en forte augmentation dans l'air depuis 2007).
  Il en résulte aussi, déjà, de sérieux risques d'éboulement en régions de montagne. On craint par ailleurs une libération de virus pathogènes…
- **Multiplication des événements extrêmes**
  Sécheresses (et incendies dévastateurs) ou fortes précipitations locales suivies d'inondations).
  Ouragans (cyclones tropicaux alimentés par la chaleur des océans).

De nombreux indices convergent d'un changement climatique à l'échelle mondiale depuis plusieurs décennies. Avec une rapidité des évolutions sans commune mesure avec celles du passé !

L'état de la glace (banquise et glaciers continentaux) est le premier indicateur d'un réchauffement climatique. Sa fonte est visible à court terme et des phénomènes d'accélération brutale peuvent être enregistrés sur le terrain.

Il témoigne d'une fusion plus rapide dans les régions de l'Arctique (l'explorateur suisse Mikehorn a récemment mesuré, en hiver, une épaisseur de la banquise au pôle Nord de seulement 5 m… elle était de l'ordre de 200 m il n'y a pas si longtemps !). Dans les Alpes, la fonte des glaciers est généralisée. Ce sont les petits glaciers qui fondent le plus rapidement (et sont l'indicateur le plus visible du réchauffement du climat !). J'ai personnellement

pu constater, été après été depuis les années 1980, le recul progressif d'un glacier valaisan (celui du Mont Miné).
Dans les régions de montagne tropicales, les glaciers en fusion deviennent de graves menaces pour les populations locales ; au Pérou (où les glaciers ont diminué de moitié en 30 ans), des exercices d'alerte sont organisés dans les écoles.

La fonte des calottes glaciaires entraîne une multiplication des éruptions des volcans sous-glaciaires par réduction de la pression exercée sur le magma (des milliards de tonnes de glaces en moins !) ; ce qui contribue à l'accélération de la fusion.

Quelle conclusion peut-on tirer d'un tel bilan ?

Le changement climatique n'est plus aujourd'hui une opinion : il est le constat d'une réalité, dont les effets se font déjà sentir de nos jours. Il dépasse largement le seul fait d'une augmentation de la température,

C'est pourquoi on préfère parler aujourd'hui d'un « DÉRÈGLEMENT CLIMATIQUE ». Une dérégulation qui risque de perturber gravement les conditions de vie sur terre.

La cause de cette dérégulation climatique

Notre planète a connu beaucoup d'oscillations thermiques dans le passé. Cycles solaires astronomiques et éruptions volcaniques sont des causes naturelles, bien étudiées, de la variabilité climatique terrestre. Elles ne permettent pas d'expliquer le réchauffement actuellement en cours, dont la rapidité est sans commune mesure avec les variations de température de l'histoire géologique de la terre.

Ces études de paléo-glaciologie ont par contre mis en évidence une corrélation dans le temps entre deux courbes de croissance exponentielle depuis le début de la révolution industrielle : celle de la température de la basse atmosphère (« troposphère ») et celle des émanations dans celle-ci de gaz liées à l'exploitation des énergies fossiles (charbon, pétrole et gaz naturel) par l'homme.

Les glaciers, par les bulles d'air qu'ils contiennent, sont des archives naturelles de l'évolution de l'atmosphère terrestre dans le passé. Les glaciologues y font des forages profonds dont l'analyse permet de connaître l'évolution de la teneur gazeuse de l'atmosphère et du climat dans le passé.

L'augmentation des gaz « à effet de serre » dans l'atmosphère

En absorbant le rayonnement infrarouge réémis vers l'espace par la terre exposée au rayonnement solaire, la mince pellicule de l'atmosphère (chargée en vapeur d'eau et CO_2) a rendu la Vie possible sur notre planète en jouant le rôle d'une serre ; grâce à elle la température moyenne sur terre s'est maintenue à 15° (au lieu de -18°).

Des gaz issus de l'activité humaine, en renforçant cet effet de serre naturel bénéfique, ont perturbé le bilan radiatif terrestre. Il s'agit essentiellement du CO_2 (dioxyde de carbone le plus important en volume), du NO_2 (oxyde d'azote toxique et aussi responsable de la formation d'ozone à basse altitude), et du CH_4 (méthane, ce gaz généré par la fermentation de matières organiques en l'absence d'oxygène, dont l'impact est 25 fois plus élevé que celui du CO_2 !)

Une moitié seulement du CO_2 émis par l'activité humaine reste dans l'atmosphère ; le reste est absorbé par la végétation terrestre et par l'océan, ces deux « puits de carbone ».

Les forêts ont une grande capacité de stockage du CO_2 parce que pendant leur période de croissance les arbres absorbent ce gaz pour la photosynthèse plus qu'ils n'en dégagent par leur respiration. Mais c'est l'océan qui est le plus grand piège à CO_2 du monde (une véritable « pompe à carbone » !).

L'océan étant réchauffé par le haut, cela réduit le mélange entre ses couches superficielles (riches en oxygène) et ses couches profondes, plus froides donc plus denses (riches en nutriments). Ce qui rend plus difficiles les conditions de vie des nombreuses espèces océaniques.

Un autre dégât collatéral du réchauffement climatique est l'augmentation inquiétante du taux d'acidité des océans par la formation d'acide carbonique (H_2CO_3) ; cette acidité croissante nuit aux organismes marins à test calcaire et réduit d'autant la capacité des océans à stocker dans leurs sédiments une part du CO_2 ; ce qui en retour amplifie encore l'effet de serre et donc le réchauffement.

Parce que très riche en matières organiques le dégel du pergélisol (ou « permafrost ») libère une très grande quantité de méthane, un gaz au très grand pouvoir absorbant du rayonnement thermique émis par la terre ; le réchauffement climatique s'en trouve donc renforcé par boucle de rétroaction positive. Une bombe à retardement !

Une solution qui s'impose

La solution première au problème du réchauffement climatique est donc apparue comme une réduction substantielle des émissions de ces gaz à effet de serre (GES) dans l'atmosphère.

Ce qui impose un changement radical des politiques de l'énergie combinant d'une part un abandon progressif des énergies fossiles (charbon et pétrole et ses dérivés qui pèsent pour plus de 60 % dans les GES) et, d'autre part, une réduction substantielle de la consommation d'énergie.

Deux efforts qui sont impérativement préconisés par les scientifiques, mais apparaissent bien douloureux aux responsables politiques !

Deux efforts qui apparaissent comme devant être surtout consentis par les plus gros producteurs de GES et consommateurs d'énergie, donc dans les pays industrialisés !

Deux efforts qui supposent des changements radicaux dans nos économies et dans nos modes de vie !

On parle d'une « économie à décarboner » parce que la quantité globale des différents GES dans l'atmosphère s'exprime en ppm (parties pour million) d'équivalent CO_2.

Un accord politique unanime pour une économie « neutre en carbone » est d'autant plus difficile à obtenir que les émissions de GES sont très inégalement réparties dans le monde (environ 50 % de celles-ci sont émises par seulement 10 % de la population mondiale) et que certains pays disposent encore d'importantes réserves fossiles de charbon, de pétrole, de gaz ou de schistes bitumineux qu'ils cherchent à valoriser (Arabie, Australie, Canada, Norvège, Russie et Pologne notamment). La responsabilité de la Chine à cet égard est quelque peu différente : non contente d'exploiter ses propres ressources, elle cherche à mettre la main sur celles de pays étrangers (par exemple le charbon en Serbie).

Il faut savoir, enfin, qu'une fois dégagés les GES demeurent très longtemps dans l'atmosphère (une centaine d'années en moyenne) ; et encore bien davantage dans les océans (dont les eaux de surface chargées en CO_2 descendent en profondeur puis mettent des siècles avant de revenir en surface et de redégager leurs gaz dissous dans l'atmosphère). La fin de leurs émissions par l'activité humaine ne mettra donc malheureusement pas un terme rapide à l'élévation de la température terrestre !

L'ampleur d'un réchauffement climatique tolérable

L'objectif commun adopté à la Conférence internationale sur le climat (COP 21 de 2015) dans le cadre des accords de Paris est de limiter à 2° le réchauffement mondial par rapport à l'ère préindustrielle.

> Cela peut paraitre peu, mais il faut prendre conscience que c'est une moyenne : ce qui signifie que, par endroits et par moments, la température subie pourrait largement dépasser les 40°, voire les 50° (les courtes périodes récentes de canicules ne sont qu'un avant-goût de ce qui nous attend !). Par ailleurs, il ne faut pas oublier que la photosynthèse (et donc la croissance du monde végétal) est perturbée au-delà d'une température de45°.

Au stade actuel des efforts, il semble déjà que cette barre des deux degrés sera dépassée. Et si le rythme actuel du réchauffement se poursuit, c'est une augmentation de plus de 5° qu'atteindra la température moyenne mondiale en 2100. Or, le dernier rapport du

GIEC (2018), préconisait de limiter le réchauffement à seulement 1,5° !

> Une hausse de température mondiale moyenne de 2 à 4,5° entrainerait une remontée du niveau des mers de l'ordre de 20 à 60 cm (suffisante pour menacer gravement l'habitat des îles à côtes basses et des régions deltaïques (comme aussi les polders belges et néerlandais !)

Le défi est donc majeur : celui d'une planète qui reste habitable pour l'espèce humaine. Et on ne peut plus dire, aujourd'hui, qu'on ne savait pas !

Le climatoscepticisme

Si la réalité du changement climatique fait désormais consensus dans le monde scientifique international, quelques rares chercheurs persistent toutefois à contester la responsabilité première de l'Homme.

Une incertitude scientifique ?

Dans certains cas, il est vrai, l'influence humaine n'est pas aisée à distinguer d'une variabilité naturelle. Le cas des incendies dévastateurs récents en Australie est particulièrement exemplaire à cet égard :

> Ils peuvent être imputés à la sécheresse liée au dérèglement climatique ; mais l'influence du phénomène naturel « El Nino » (ce courant océanique transpacifique qui s'inverse de manière cyclique) peut être aussi envisagée.
> Par ailleurs, l'abandon, depuis l'époque coloniale, de la pratique aborigène traditionnelle très efficace des feux sous contrôle (fondée sur une expérience séculaire) est également mis en cause.
> Et, enfin, proche de Melbourne, une mine de charbon à ciel ouvert (où une simple étincelle peut déclencher une catastrophe en été) semble avoir été la cause de l'incendie qui, en 2015, dégagea pendant 45 jours un nuage de pollution particulièrement nocif pour la santé de travailleurs non protégés…

Un argument aussi utilisé est que certains glaciers, peu nombreux, avancent aujourd'hui au lieu de reculer.

> Dans le cas du glacier d'un archipel norvégien, il s'agit en réalité d'un comportement « suicidaire » de la langue glaciaire : elle dévale parce que son front est sapé à sa base par la mer (ce qui engendre un déséquilibre avec formation de crevasses) et que son écoulement est alors lubrifié par les eaux de fonte qui s'infiltrent dans les fissures de la masse de glace.

Une stratégie du doute

Cependant, les quelques rares hésitations de la science ne sont pas la raison principale du « climatoscepticisme ».

L'ouvrage *« Les marchands de doute »* (de Noémie Oreskes et Eric M.Conway) publié en 2010 est une dénonciation, très richement documentée, des stratégies des lobbys industriels employées dans les cas des pluies acides, puis du trou d'ozone, du tabagisme passif et enfin du réchauffement du climat (dès les années 1970), dans le but d'éviter des décisions politiques susceptibles de nuire à leurs intérêts.

> Après le déni, vient l'entretien d'un doute qui paralyse l'action. Il suffit pour cela d'obtenir la contribution d'une poignée de scientifiques ! Ce furent notamment Seitz, Singer et Nierenberg aux USA et, plus récemment, Claude Allègre (en France) qui, bien que le plus souvent non spécialistes de la question, ont accepté de cautionner des campagnes massives de désinformation orchestrées par des manipulations délibérées et trop souvent relayées par les médias.

Le climatoscepticisme de certains dirigeants politiques (comme celui d'un Donald Trump qui a retiré les USA des accords de Paris de 2015) se nourrit de la peur d'une atteinte à leur souveraineté nationale.

> Il bénéficie aussi d'une audience citoyenne en partie prédisposée à l'entendre ! Par contre, heureusement, un sondage récent au sein de la population belge francophone (*« Thermomètre » de la mutualité Solidaris* en mars 2020) nous indique que pour 8

personnes sur 10, l'origine humaine des changements climatiques ne fait plus aucun doute ; et que 85 % sont persuadés que des événements extrêmes vont se multiplier. Jamais un tel consensus n'avait été constaté sur cette thématique !

Il est surprenant de constater, alors que la prise de conscience des risques du dérèglement climatique est aujourd'hui très largement médiatisée, qu'il en va moins de même pour ceux liés à une réduction générale de la biodiversité mondiale ! Une réduction qui est double : tant en nombre d'espèces différentes qu'en nombre d'individus d'une même espèce.

Un problème qui fera l'objet du chapitre suivant.

La chute de la biodiversité

« Les tortues, qui habitent la Terre depuis plus de 200 millions d'années, ont survécu à plusieurs extinctions de masse.
Je souhaite à l'espèce humaine la longévité des tortues.
Mais, pour y parvenir, elle doit apprendre à respecter une planète fragile sans la dominer et à se situer au cœur de la biodiversité,
sur laquelle elle doit veiller pour ne pas s'éteindre avec elle »
Hubert Reeves (astrophysicien)

Un constat

En matière de biodiversité, l'attention des médias se focalise surtout sur quelques espèces emblématiques menacées de disparition. Peu de gens connaissent l'existence d'un organisme créé en 2012 sous la tutelle des Nations Unies qui regroupe 129 Etats : la « *Plateforme intergouvernementale scientifique et politique sur la biodiversité et les services écosystémiques* » (IPBES) considérée comme le GIEC de la biodiversité. Son constat estalarmant.

Vers une sixième extinction massive

Nous savons par l'étude du passé de la vie sur terre qu'il y a eu cinq grandes périodes d'extinction massive des espèces vivantes depuis 500 millions d'années (dont certaines étalées sur des millions d'années).

La dernière est celle qui a provoqué, notamment, la disparition des dinosaures et des ammonites (il y a un peu moins de 65 millions d'années) ; sa cause fut la chute d'une météorite géante de plusieurs kilomètres de diamètre (génératrice d'une couverture de nuages de suie opaques qui entoura la planète pendant un temps suffisamment long pour provoquer l'extinction d'un nombre considérable d'espèces vivantes).

Le taux défini par les paléontologues pour une extinction dite « massive » est une disparition de 75 % des espèces en 1 million d'années. On estime à de 8 à 10 millions le nombre d'espèces vivantes aujourd'hui (dont seulement 1,5 million ont été décrites !) ; et à 1 million, environ, celles actuellement menacées de disparition (soit un taux d'environ 12 % seulement).

Mais ce taux est très largement supérieur au taux naturel de disparition conformément à la théorie darwinienne de l'évolution ; et le rythme des extinctions est beaucoup plus rapide que celui des extinctions massives du passé. Si les biologistes ne sont pas tous d'accord sur le temps qui sera nécessaire pour que soit atteint le seuil critique des 75 %, il y a consensus sur le fait que faute d'une réaction rapide, nous risquons d'aller vers une sixième extinction massive.

En 1962 déjà, la biologiste américaine R.Carson dénonçait dans un livre fameux *« Silent spring »* les effets délétères de l'usage du DDT notamment sur les oiseaux.

La disparition des insectes est une autre catastrophe silencieuse ! Car leurs rôles sont essentiels : en tant que pollinisateurs de nombreuses espèces végétales nécessaires à l'alimentation humaine ; que prédateurs et nettoyeurs des animaux morts ; que premiers maillons des chaînes alimentaires. Ce sont aussi de bons marqueurs de la qualité d'un écosystème.
Le temps est loin où il était régulièrement nécessaire de nettoyer son pare-brise tellement d'insectes s'y étaient écrasés !

On est aujourd'hui conscient d'un risque d'extinctions en cascade, car faire disparaître une espèce c'est aussi en priver d'autres de ressources précieuses, voire vitales. Certaines espèces sont dites « clés de voûte » parce qu'ayant sur leur écosystème des effets disproportionnés par rapport à leur effectif.

L'exemple des baleines (décimées par une chasse devenue aujourd'hui illégale) détaillé par le biologiste Gauthier Chapelle dans son livre « *Le vivant comme modèle* » est édifiant à cet égard.

> Les baleines se nourrissent du krill antarctique (crevettes d'une taille de quelques cm qui se reproduisent sous la banquise). Le krill se nourrit de phytoplancton auquel les baleines elles-mêmes apportent leurs excréments comme engrais. En fertilisant ces micro-algues les baleines renforcent la pompe à carbone océanique, car une part importante d'entre elles finissent par se retrouver au fond des océans en y séquestrant des quantités importantes de carbone.
>
> La surexploitation des baleines a privé les orques (ces superprédateurs) de leur ressource principale ; ils se sont retournés vers les phoques et les otaries, puis vers les loutres de mer, autant de prédateurs consommateurs d'oursins. Ces derniers sont de grands brouteurs de « forêts » d'algues sous-marines ; leur prolifération a causé une réduction de la quantité d'algues et, par conséquent, de la capacité de stockage de carbone des océans.

Cette crise de la biodiversité est bien différente des précédentes à deux égards : par sa cause (d'origine humaine et non naturelle) et par sa rapidité (deux siècles seulement). Jamais dans l'histoire de la planète, la détérioration de la vie n'a été aussi rapide qu'actuellement ; il semble par exemple que 80 % de la biomasse des insectes aient été détruits en 30 ans !

Des causes multiples et étroitement imbriquées

Elles relèvent principalement de l'action de l'Homme sur la Nature. Les experts insistent sur le fait qu'il faut envisager l'impact de ces multiples facteurs comme un faisceau de causes agissant en synergie (ce qui explique que les écosystèmes naturels se dégradent de nos jours à un rythme sans précédent).

- **Destruction ou fragmentation des habitats naturels** :
L'expansion territoriale de notre espèce s'est faite au détriment des espaces de vie des autres espèces. Le défrichement des forêts tropicales (l'écosystème le plus riche en biodiversité !) est l'exemple le plus connu. A une tout autre échelle, la suppression

des haies des bocages dans nos campagnes et des talus verts bordant les voies ferrées a un impact qui est loin d'être négligeable : dans un réseau écologique, les couloirs reliant les zones noyaux sont essentiels pour assurer les possibilités de dispersion d'une espèce.

- **Surexploitation des ressources biologiques naturelles :**

Développement des monocultures avec sélection des espèces les plus rentables et épuisement des sols ; exploitation illégale des espèces sauvages menacées ; surpêche…

> La surpêche est l'exemple emblématique de cette surexploitation. La pêche industrielle aux chaluts (filets trainés sur les grands fonds) occasionne plus particulièrement de dégâts par l'énorme gaspillage qu'elle entraîne. On constate aujourd'hui un dépeuplement de près d'un tiers des océans.
> Grâce au développement des nouvelles techniques de capture, le tonnage mondial a considérablement augmenté (20 millions de tonnes en 1950, 80 millions en 2010) parallèlement à l'augmentation de la demande. Favorisée par de nouvelles méthodes de stockage frigorifique, la pêche est devenue un business très concurrentiel, qui donne même lieu à de la spéculation !

- **Pollution due aux activités agricoles et industrielles :**

Par les rejets des industries chimiques et la généralisation de l'emploi des pesticides et herbicides et des cultures d'OGM.

> La réduction massive du nombre des insectes constatée en début du XXIe siècle semble essentiellement due aux pesticides tolérés depuis les années 1990 et largement diffusés par les firmes agrochimiques. La pollution lumineuse urbaine et la raréfaction d'espèces végétales dont ils se nourrissent sont aussi mises en cause.
> En milieu de culture ouvert, les gènes modifiés peuvent se transmettre facilement à d'autres espèces par le pollen ou par les déchets incorporés au sol ; des contaminations ont été observées à grande distance. L'agriculture biologique ne peut plus être garantie si elle coexiste avec des cultures d'OGM.

- **Concurrence d'espèces invasives dominantes :**

La rapidité des changements climatiques actuels (qui sont sans commune mesure avec ceux du passé de la planète) rend difficile l'adaptation des espèces par un processus évolutif naturel. Ce qui entraîne des migrations que l'action de l'Homme accentue. Elles peuvent proliférer au point de provoquer de graves déséquilibres dans les écosystèmes hôtes et d'éliminer des espèces indigènes.

> Une trentaine d'espèces végétales se sont déjà répandues en Belgique au point d'avoir un impact appauvrissant sur la biodiversité locale (par exemple la berce du Caucase, la renouée du Japon).
> Le frelon asiatique, arrivé en Europe depuis une quinzaine d'années, est un grand prédateur de guêpes et d'abeilles, particulièrement friand d'abeilles mellifères ! Conscientes du danger, nos abeilles n'osent plus quitter leur ruche pour aller se nourrir et alimenter leur communauté…

Des conséquences alarmantes

Elles sont malheureusement nombreuses. A commencer par une perte de ressources précieuses pour l'humanité. La biodiversité sur terre est le produit de millions d'années d'évolution. C'est un capital aux potentialités multiples (et qui restent encore largement à découvrir…).

- Elle est vitale en matière d'alimentation : sans les insectes la pollinisation des plantes à fleurs ne serait pas assurée (ce qui signifie la fin de nombreux fruits et légumes !). Ce sont les abeilles et les bourdons qui font l'essentiel du travail, mais aussi, notamment les papillons. Chaque espèce d'insecte pollinisateur est spécialisée dans certaines espèces de fleurs. Il est donc nécessaire de préserver leur diversité !

> Il a été beaucoup question, ces dernières années, d'un mauvais état de santé des abeilles domestiques ; en grande partie dû aux pesticides utilisés en agriculture. Leurs colonies sont surexploitées par les agriculteurs, par exemple pour la pollinisation des cultures d'amandiers en Californie. Déplacements continus et enfumages répétés les épuisent.

Mais le rôle des abeilles sauvages (ces abeilles sauvages « maçonnes » qui vivent en solitaires et ne produisent pas de miel) est tout aussi important. Or le nombre de leurs espèces diminue de manière inquiétante et nombreuses sont celles qui se portent mal. Il en va de même pour les bourdons.

- Elle est précieuse en matière de santé : 40 % des médicaments commercialisés par l'industrie pharmaceutique seraient déjà tributaires de molécules issues des forêts tropicales ! Et l'humanité est loin d'avoir épuisé l'énorme potentiel du monde vivant en matière thérapeutique.

  Le venin d'une espèce d'araignée contient une protéine dont on a pu faire en laboratoire un nouvel antidouleur sans effets secondaires.
  Les larves d'abeilles émettent des phéromones qui ont des propriétés anti-inflammatoires.
  On a récemment découvert que le lama produit des anticorps efficaces contre les coronavirus (qu'il va être possible de répliquer en laboratoire).

- Elle est inspiratrice pour les recherches en biomimétisme : cette science pluridisciplinaire très prometteuse s'inspire des solutions éprouvées dans la nature pour résoudre des problèmes techniques qui se posent à l'homme. J'y reviendrai dans le second volume.

- Elle est utile dans des domaines aussi variés que les bioénergies, l'écoconstruction, la dépollution de l'eau et de l'air, la génétique…

La biodiversité peut être considérée comme une « assurance tout risque » ! Sa capacité potentielle de résilience est précieuse. La nature produit en effet constamment de la nouveauté, ce qui lui permet de s'adapter au changement. La présence d'espèces nombreuses et variées assurant des fonctions similaires, mais ne réagissant pas de la même manière aux perturbations offre une large gamme de réponses aux formes possibles d'agression de l'environnement. Les milieux riches en biodiversité contribuent donc à réduire les risques en cas de crise : la diversité génétique d'une population la rend moins vulnérable aux agressions ; certaines espèces disparaissent, d'autres peuvent prendre un nouvel essor.

Enfin, souci très actuel, la perte de biodiversité est une cause probable de la multiplication des épidémies.

> N'oublions pas que la biodiversité c'est aussi celle des milliards de microorganismes que nous ne voyons pas à l'œil nu (bactéries et virus) ! La plupart ont une action bénéfique, tant pour notre santé (dans notre macrobiote intestinal notamment) que pour notre environnement (dans le sol plus particulièrement). Mais certains d'entre eux sont des agents pathogènes, dont il est nécessaire de limiter la propagation. Tant que la plupart d'entre eux demeurent confinés dans leurs divers sites d'habitat sauvage, les maladies infectieuses dont ils sont la cause ne deviennent pas épidémiques.
>
> Par contre, la destruction de leurs habitats naturels par la déforestation et l'urbanisation augmente le risque d'épidémie : par une multiplication des liens entre le monde animal sauvage et les espèces domestiques ; par la disparition de prédateurs d'animaux qui sont des vecteurs d'agents infectieux ; par une plus grande proximité d'individus de la même espèce, ce qui favorise la transmission. C'est probablement ce qui explique la multiplication par dix des épidémies enregistrées depuis l'après-guerre 40-45, alors que, d'autre part, des systèmes de santé de plus en plus performants ont réussi à enrayer bon nombre de maladies infectieuses.

Conclusion

La préservation de la biodiversité se justifie pleinement par le fait que sa dégradation contemporaine engage tout autant (si pas plus) que le dérèglement climatique, l'avenir de l'humanité. Elle se justifie par ailleurs au nom d'une éthique de la préservation du vivant à laquelle tous les défenseurs de l'environnement appellent aujourd'hui.

Le chapitre suivant traitera d'une autre raison d'inquiétude pour l'avenir : nos ressources en eau douce resteront-elles suffisantes ?

L'eau, une ressource fragilisée

« L'eau. Qui goutte, suinte, coule, tourbillonne, transporte, s'avance et recule, ondule, gonfle, moutonne, déferle, gronde, s'apaise, s'étale, reflète, dépose, se fige,... brille, rampe, se mélange, s'évapore, se condense, tombe du ciel, ruisselle, arrose, rafraîchit, réhydrate, désaltère, baigne... »
Gauthier Chapelle (agronome et biologiste)

Une ressource vitale

Un corps d'exception !

L'eau est un corps très particulier. C'est une des rares substances qui existe naturellement sur Terre sous ses trois états gazeux, solide et surtout liquide. Elle a la propriété exceptionnelle de se dilater quand elle devient solide.

Elle offre forme et flexibilité aux cellules vivantes. Elle est un milieu idéal pour toutes sortes de réactions biochimiques nécessaires au maintien de la vie d'un organisme.

Tout porte à croire que la Vie est apparue dans l'eau ; elle s'y est développée pendant 3 milliards d'années avant d'émerger sur terre. Et on oublie souvent que la vapeur d'eau contribue, pour plus de la moitié, à l'effet de serre naturel sans lequel la vie sur terre serait impossible !

Une ressource indispensable à préserver

L'eau est une ressource profondément imbriquée dans notre quotidien comme dans l'activité économique. Sa valeur symbolique est très forte et c'est quand on en manque que l'on prend pleine conscience de son importance !

Sans boire, nous ne pouvons survivre plus de quelques jours ; sans elle, se posent rapidement des problèmes de santé par manque d'hygiène. Des millions de personnes meurent chaque année de maladies guérissables transmises par de l'eau malsaine. L'OMS a raison de rappeler que l'eau, c'est d'abord une question sanitaire (une préoccupation quotidienne dans les pays les plus pauvres ; mais aussi un sujet bien d'actualité en ce temps de propagation épidémique du Covid-19).

Contrairement aux énergies fossiles, l'eau est heureusement une ressource naturelle renouvelable (via le « cycle de l'eau »), mais dont la part d'eau potable est très limitée et vulnérable. En même temps qu'elles en consomment de grandes quantités, les productions domestiques, agricoles et industrielles contribuent à la polluer. Tout ce que nous produisons et utilisons finit par se retrouver dans l'eau, et une très grande part des eaux usées dans le monde est rejetée sans traitement !

> L'agriculture irriguée et l'élevage industriel sont de très loin les secteurs économiques qui consomment le plus d'eau ; la production industrielle d'un kilo de viande de bœuf nécessite plus de 10.000 litres d'eau ! Sans irrigation, la production alimentaire mondiale s'effondrerait (et le manque de précipitations peut provoquer de graves crises alimentaires locales).

Le manque d'eau touche les populations d'une manière plus brutale que le réchauffement de la température et celui-ci accroit notre besoin d'eau. Nous avons vu combien il était impératif d'économiser l'énergie ; tout aussi nécessaire est la recherche des moyens de réduire les gaspillages d'eau douce et de préserver sa pureté !

Il n'y a aucun substitut possible à l'eau. C'est donc bien au sens propre qu'il nous faut comprendre l'adjectif « vital », d'où l'obligation impérative d'en assurer la durabilité !

Réserves et accessibilité

Des réserves d'eau douce menacées

L'eau douce ne représente qu'un très faible pourcentage de l'eau présente sur notre planète (97 % de l'eau est salée !). L'essentiel de cette eau douce que nous consommons provient des nappes souterraines.

Cette précieuse ressource est aujourd'hui menacée par l'évolution climatique : la fonte des glaciers s'accélère et avec eux s'éteint leur fonction de réservoir d'eau ; certaines nappes aquifères deviennent « fossiles » faute d'une réalimentation naturelle suffisante.

Le manque de pluie frappe durement certaines régions ; l'exemple du lac Tchad, situé dans une région aux précipitations très irrégulières et à forte croissance démographique, en est un malheureux exemple :

> La superficie du lac Tchad s'est réduite de 25.000 à 2.500 km^2 en une quarantaine d'années ; il ne subsiste plus qu'un « petit Tchad » fonctionnant comme une oasis au sein du Sahel. Or, en plus des ressources vitales pour l'agriculture, l'élevage et la pêche qu'il procure à une population riveraine d'environ 3 millions d'habitants, le lac contribue de manière significative à la sécurité alimentaire et à l'approvisionnement urbain d'un arrière-pays sur un rayon d'un peu plus de 300 km !
>
> Sa situation frontalière, entre 4 Etats (Niger, Nigéria, Cameroun et Tchad) aggrave la situation en rendant difficile une coopération pour la gestion de ses ressources naturelles. Un transfert des eaux de l'Oubangui a été envisagé, avec le développement d'une agriculture intensive ; un projet techniquement faisable, mais à un coût très élevé. Le lac Tchad pourrait au contraire devenir un véritable laboratoire pour le développement d'un espace multifonctionnel basé sur une agriculture familiale modernisée, l'élevage et la pêche.

L'impact de l'Homme renforce cette menace : des barrages réduisent l'alimentation naturelle des mers intérieures ; les stocks d'eau souterraine sont surexploités et l'imperméabilisation croissante des sols en milieux urbains réduit leur réalimentation. Par ailleurs, ces nappes aquifères sont de plus en plus polluées, notamment par l'usage massif des engrais chimiques et pesticides.

> La mer d'Aral était autrefois la 4e plus grande mer fermée du monde ; chacun connaît ces images désolées de bateaux échoués aujourd'hui : en 50 ans seulement, sa superficie a été réduite de 80 %, privant des millions de riverains de leur moyen d'existence ! Son assèchement est dû à une exploitation trop intensive, pendant la période soviétique, des deux fleuves qui l'alimentent (l'Amou-Daria et le Syr-Daria), pour la culture irriguée du coton…

> Dans le désert côtier d'Atacama chilien (le plus sec de la planète, et aussi celui où la vie est la plus réduite), l'industrie minière consomme d'énormes quantités d'eau ; la production de précieuses ressources minérales telles que le cuivre, le lithium et les nitrates menace d'épuiser les nappes en profondeur à relativement court terme.

Une accessibilité inégale

Il semble cependant que le monde de demain ne manquera pas d'eau au niveau global. Ce n'est pas tant le volume d'eau disponible qui compte, mais son inégale répartition et la capacité à mobiliser la ressource pour l'amener là où on en a besoin, quand on en a besoin.

Le problème est également sa vulnérabilité ; une part importante de la population mondiale n'a pas l'assurance de disposer d'une eau potable en permanence. Le risque est celui d'une pénurie d'eau de bonne qualité.

> En période de guerre, l'eau est le premier bien qui vient à manquer. Au Yémen, par exemple, ravagé par 5 ans de guerre, plus de la moitié de la population n'a plus accès à l'eau potable.

> Je me souviens avoir été scandalisée d'apprendre, dès les années 1970, que la firme suisse Nestlé, qui cherchait à

promouvoir la vente de son lait en poudre pour bébés dans les pays du Tiers Monde d'Afrique et d'Asie, envoyait dans les maternités des émissaires tout de blanc vêtues dont la mission était de convaincre les mamans, cadeau d'une boite de lait à l'appui, que l'allaitement au biberon était meilleur pour la santé de leur enfant que le lait maternel ! Ils ont même été jusqu'à payer des médecins pour qu'ils persuadent leurs patientes de ne pas allaiter. Ce qu'elle n'avait pas prévu c'est que les mamans ne disposaient pas d'une eau propre pour délayer la poudre de lait … De nombreux bébés tombèrent malades, voire en moururent. Un appel au boycott de Nestlé a été lancé en Suisse à cette époque.

En 2000, dans l'objectif du millénaire, l'ONU s'était donné comme cap de diviser par deux le nombre de personnes privées d'accès à une eau propre. L'effort a porté ses fruits, mais il demeure à poursuivre.

D'après l'ONU 40 % de la population mondiale risque de souffrir d'un manque d'eau en 2030.

Un indice de la pauvreté en eau par pays a été établi : il varie de 0 à 100 (plus l'indice est bas, plus la situation est critique). Cet indice combine volume d'eau, capacités techniques et financières pour la mobiliser et accès à l'eau de la population. Il est favorable pour tous les pays européens ; le plus faible est celui d'Haïti (35,1).

Quoi de plus « naturel » que le geste d'ouvrir le robinet lorsque nous avons besoin d'eau ? J'ai mesuré combien c'était un privilège en voyant les femmes dogons remonter leur falaise de grès un sceau sur la tête !

En même temps, alors que l'eau du robinet est de très bonne qualité dans les pays où existe un bon réseau public de distribution, beaucoup acceptent de payer des fortunes pour l'achat quotidien d'une eau minérale en bouteille vendue par des firmes privées. Or il faut savoir que boire une bouteille d'eau en plastique consomme 2000 fois plus d'énergie que l'eau du robinet!

L'eau au cœur de l'activité économique

L'agriculture en consomme 70 % en raison de la généralisation des méthodes d'irrigation. Le secteur industriel en consomme beaucoup (plus particulièrement pour le refroidissement des centrales électriques, pour la fabrication des puces électroniques).

La complexité des liens existants entre eau, énergie, et alimentation est frappante.

> Il faut de l'eau pour produire de l'énergie hydroélectrique, mais il faut aussi de l'énergie pour construire les barrages et distribuer l'eau vers les centrales ; sans eau de refroidissement les réacteurs nucléaires deviennent incontrôlables ; l'eau est nécessaire pour faire pousser les cultures, mais l'activité agricole peut polluer les ressources en eau ; l'épuration des eaux usées consomme de l'énergie, mais peut être source d'engrais…

Les scientifiques proposent le concept de « *nexus eau* » (du latin : lien, combinaison) pour caractériser cette complexité, qui fait de la préservation de cette précieuse ressource naturelle la condition nécessaire de celle de beaucoup d'autres ; et légitime d'autant plus la revendication d'une répartition plus équitable de ses réserves.

L'eau, un enjeu géopolitique majeur

Les Etats rivalisent pour une maîtrise des ressources en eau qui assure leur autonomie pour cette précieuse ressource ; dans bien des régions du monde, l'eau est devenue un enjeu géopolitique de premier ordre.

Je ne développerai ici que l'exemple du conflit entre l'Etat d'Israël et ses voisins. Il comporte deux volets : le partage des eaux de surface du bassin du Jourdain entre Israël, Syrie, Jordanie et territoires palestiniens (un enjeu géostratégique majeur) ; le problème de l'utilisation des nappes aquifères entre Israël et l'Autorité palestinienne (vital pour les réfugiés palestiniens).

Dès sa création en 1948, l'Etat d'Israël, axant son développement sur l'agriculture, a mis en œuvre une stratégie de conquête de l'eau motivée par la pauvreté des ressources situées sur son territoire national.

> Dès 1948, il entreprit le creusement d'un canal destiné à détourner les eaux du Jourdain à hauteur du lac de Tibériade vers le désert du Néguev ; en riposte les Etats arabes projettent à leur tour le détournement des eaux des affluents du Jourdain (Yarmouk et Litani) par la construction de barrages.
>
> Après la guerre des Six Jours (en 1967), Israël s'est approprié le contrôle « de facto » des ressources en eau de la région par la conquête du plateau du Golan (pris à la Syrie) et de l'aquifère montagneux de Cisjordanie. Des hauteurs du Golan, il pouvait assurer la sécurité de la prise d'eau douce pompée au lac de Tibériade pour alimenter son canal nord-sud ; l'acquisition de la Cisjordanie lui permettait l'exploitation des nappes aquifères proches de sa zone la plus densément peuplée.
> Il faut savoir qu'au sud du lac de Tibériade, l'eau du Jourdain devient salée (d'autant plus que l'eau du lac a été détournée) et son débit de plus en plus irrégulier ; et que la salinité de la mer Morte est 20 fois plus élevée que celle de l'océan !
> Un projet fou est envisagé pour faire revivre la mer Morte grâce au percement d'un canal la reliant à la mer Rouge ; et une collaboration israélo-jordanienne semble aujourd'hui efficace pour une restauration des eaux du Jourdain.

Pour satisfaire ses besoins croissants, l'Etat juif a élaboré, dès 1959, une législation rigoureuse : l'eau est une propriété publique soumise au contrôle de l'Etat avec un système de distribution interconnecté unifié. Et, après 1967, la loi s'est étendue aux Territoires occupés dont les eaux sont déclarées « *ressources stratégiques sous contrôle militaire* » : l'eau ne peut plus être exploitée qu'après l'obtention d'un permis qui définit le domaine et l'usage.

> Les Palestiniens sont gravement discriminés dans l'accès à l'eau : ils ne sont plus autorisés à utiliser les eaux du Jourdain ; il leur est interdit de creuser des puits à plus de 100 m de profondeur (alors que les colons atteignent jusqu'à 300 à 500 m avec des moyens modernes de forage) ; deux des nappes phréatiques de Cisjordanie sont presque entièrement exploitées par Israël. Alors que la majorité des villages palestiniens de Cisjordanie sont privés d'eau courante, les postes militaires et les colonies israéliennes sont approvisionnés

> 24 heures sur 24. Dans la bande de Gaza la situation est beaucoup plus catastrophique encore.

Depuis 1967, la question du partage de l'eau est donc un point clé d'un éventuel processus de paix israélo-palestinien et d'un apaisement des relations entre les Etats d'une région du monde où le problème de la pénurie d'eau se pose avec le plus de gravité.

> Le retrait israélien des territoires occupés est resté fondamentalement lié à cet enjeu majeur jusqu'à une période récente. Nous verrons cependant, dans le second volume, que des choix techniques nouveaux ont changé les données du problème de l'alimentation en eau de l'Etat d'Israël ; ce qui, en conséquence, pourrait augurer d'un espoir pour les Palestiniens de récupérer la maîtrise de leurs ressources hydrauliques.

L'eau, patrimoine commun de l'humanité

En 2010, l'Assemblée générale de l'ONU a élevé l'accès à l'eau potable au rang d'un droit fondamental de l'être humain. Un pas important, certes... mais en contradiction avec la tendance à une appropriation privée des ressources en eau depuis la fin du XXe siècle.

Un bien pas comme les autres qui devrait rester collectif

D'un point de vue économique, l'eau est un bien très particulier : indispensable, sans substitut et dont l'offre est limitée alors que la demande augmente !

Cela implique qu'il faudrait gérer l'eau comme un bien public collectif universel, avec la possibilité d'un contrôle démocratique sur la façon dont elle est captée, stockée, traitée et distribuée... voire, s'il le faut, rationnée. Cela justifie aussi que son prix ne soit pas déterminé par le libre jeu de l'offre et la demande, mais bien par des choix politiques ; et que, dans un souci de répartition équitable, ce prix devrait augmenter, rapidement, en fonction de l'ampleur de la consommation.

On en est loin aujourd'hui !

Un combat nécessaire

Avant les années 1980, la plupart des pays à économie de marché avaient opté pour des réseaux d'eau gérés par les pouvoirs publics. Mais, depuis, l'idée d'une privatisation de l'eau a fait son chemin, avec la constitution de lobbies industriels de l'eau.

Dans trois pays occidentaux, Royaume-Uni (depuis Margaret Thatcher), Australie et Etats-Unis, une large part des réserves d'eau est devenue une marchandise, objet de spéculation dans le monde de la finance.

> Le prix de cette eau varie en fonction de l'offre et de la demande sur les marchés. Il augmente quand l'eau se fait rare pour cause de sécheresse climatique ; c'est le cas en Australie et en Californie, au profit des spéculateurs comme au détriment des agriculteurs ! Certains écologistes y voient l'avantage de pousser à une réduction de la consommation ; et procèdent à des achats de réserves souterraines.

Une privatisation de l'eau est préconisée par le FMI et la Banque Mondiale qui en ont fait une de leurs conditions imposées aux pays en développement endettés pour l'obtention d'un prêt

> L'accès à une eau saine et l'hygiène personnelle sont le seul moyen de combattre le choléra. Une épidémie a éclaté dans la banlieue pauvre de Lima (au Pérou) en 1980 : la privation de l'eau imposée par le FMI et la BM avait rendu la population tributaire de l'eau vendue par des camions-citernes à un prix bien au-dessus de ses moyens… ils en achetaient le moins possible, jamais pour se laver les mains !
>
> Au Sénégal, la construction d'un gigantesque pipeline pour acheminer l'eau potable depuis Saint-Louis vers le centre et le sud du pays, a été attribuée à la firme transnationale française de Suez à l'issue d'un marché public douteux ; il était prévu que Suez devienne la société distributrice de cette eau à la place de la « Société sénégalaise des eaux ».
>
> Depuis la dictature du général Pinochet, l'eau est devenue une propriété privée au Chili, au grand bénéfice des sociétés d'exploitation minière du désert.

Au Forum économique de Davos furent plaidées « *de nouvelles formes de coopération entre Etats et entreprises privées pour gérer l'ensemble des futurs besoins en eau* »

Deux exemples de situations locales concrètes

Coca Cola est une des entreprises transnationales qui ont beaucoup investi dans ce secteur en s'appropriant des nappes phréatiques à travers la planète ; comme chacun sait, cette production de sodas est grande consommatrice d'eau. Coca-Cola détient notamment plus de 50 usines de soda en Inde où on lui a reproché d'épuiser les nappes aquifères et de polluer les eaux et les sols ; une de ses plus grandes usines d'embouteillage a été fermée suite à l'action militante d'ONG.

La firme est aussi très présente au Mexique. Un film documentaire RTBF illustrant les effets de la mondialisation (« *Sous l'emprise du Coca* », 2016) m'a particulièrement frappée. Dans la région la plus pauvre du Mexique (le Chiapas), la célèbre multinationale a implanté une usine en 1994 ; avec l'accord du gouvernement (dans le cadre de sa politique de libéralisation de l'économie) et malgré la contestation populaire locale.

> Il s'en est suivi un assèchement de la nappe phréatique située à 150 m de profondeur, une pollution des eaux des puits et une mise à sec des ruisseaux. L'achat d'eau potable est devenu nécessaire en ville où des camions-citernes passent chaque jour.
> Dans les campagnes, où l'eau s'est raréfiée jusque dans les communautés les plus reculées, les habitants pauvres se sont mis à boire du coca à la place de l'eau : on en vend partout, à un prix moins cher qu'à la ville.
> Sa haute teneur en sucre a développé une véritable addiction généralisée pour « *cet aliment qui ne nourrit pas* ». Le coca est même devenu une boisson sacrée consommée dans les cérémonies traditionnelles ! Les effets sur la santé sont d'ores et déjà inquiétants : obésité, hypertension, diabète.
> L'entreprise est certes pourvoyeuse d'emplois séduisants (sûrs et mieux rémunérés que les salaires locaux). Elle a fait la donation de fontaines d'eau dans certaines écoles (« *en compensation du mal qu'ils font* » dit un indigène !). Mais la réserve d'eau

souterraine continue de s'épuiser… et la multinationale de faire du profit.
Une résistance s'organise, via une organisation privée qui diffuse une technique simple à apprendre de filtrage de l'eau des puits.

Plus près de nous, dans les Vosges, Nestlé est un autre exemple d'une captation d'une ressource collective en eau potable au profit d'un intérêt privé.

Sa filiale (qui produit les eaux minérales des marques Vittel, Contrex et Hépar) pompe l'eau de la nappe phréatique plus rapidement qu'elle ne se recharge ; l'accès des agriculteurs aux puits est interdit, les citoyens de la région s'indignent et protestent publiquement.
La transnationale répond que si elle ne peut plus augmenter la quantité de ses prélèvements, sa rentabilité deviendra insuffisante; et fait, malgré une automatisation croissante de sa production, du chantage à l'emploi auquel les mairies locales sont sensibles !

Nous avons vu les rôles essentiels que jouent les forêts dans la régulation du climat. Le phénomène d'une déforestation dont les sociétés humaines sont la cause sera l'objet du chapitre suivant.

Un rythme accéléré des déforestations

> *« Quand tous nos arbres auront disparu, alors les hommes disparaîtront aussi : et il ne restera plus que le silence et la nuit »*
> M. Kepanda (chef papou)

Les rôles vitaux des forêts

Lorsqu'est dénoncée la destruction de la forêt amazonienne, on parle souvent d'une « *disparition d'un poumon vert de la planète* ». L'expression est frappante, mais elle ne correspond que partiellement à la réalité !

> Il est vrai qu'un arbre, comme tous les végétaux verts, dégage de l'oxygène par le processus de la photosynthèse (avec absorption de CO_2) ; mais il en consomme aussi pour sa respiration (avec dégagement de CO_2).
> Seule une forêt en croissance joue le rôle de « poumon vert » que nous attendons d'elle : dans une forêt qui a atteint le stade de la maturité (ce qui est le cas d'une large part de la forêt amazonienne) le bilan des échanges gazeux de l'écosystème forestier devient nul (les quantités d'oxygène et de gaz carbonique dégagées et absorbées par ces deux processus vitaux étant équivalentes).

Par contre, toutes les forêts remplissent deux autres fonctions climatiques essentielles : par leur capacité à dégager par évapotranspiration un volume d'eau très important, elles provoquent des nuages et des pluies et font partie du système de refroidissement et de climatisation de la Terre tout entière ; les nuages qui persistent au-dessus des tropiques humides refroidissent la planète en réfléchissant vers l'espace une part du rayonnement solaire. D'autre part, en piégeant au cours de leur croissance une grande quantité de CO_2 prélevé dans l'atmosphère, elles modèrent le réchauffement climatique.

Par ailleurs, les forêts contribuent à stabiliser les sols en pente, par l'emprise d'un très important système racinal ; elles sont particulièrement utiles dans les régions de montagne.

Bien gérées, elles sont une ressource de bois renouvelable. L'exploitation de celui-ci se fait pour trois usages principaux : le chauffage, la pâte à papier et la menuiserie. Elles sont enfin, comme nous l'avons vu, de précieuses réserves de biodiversité.

Le constat d'une déforestation de la planète

Quant à l'ampleur de la déforestation dans le monde le diagnostic est à nuancer, car la situation est contrastée : la surface de forêts tempérées est relativement stable alors que la diminution des forêts tropicales s'accélère depuis la seconde moitié du XXe siècle.

Il ne reste plus aujourd'hui que quelques rares « forêts primaires » c'est-à-dire non transformées par l'impact de l'homme (en Amazonie, en Afrique centrale, en Nouvelle-Guinée… et quelques isolats volontairement préservés en montagne). Mais la forêt demeure un milieu vital pour de nombreux peuples minoritaires indigènes, qui se battent pour sa préservation face à une volonté de rentabilisation économique de leurs terres ancestrales.

> Au Brésil, une loi accorde la possession de la terre à celui qui exploite un terrain agricole pendant un an. Elle s'applique aux étendues de forêt amazonienne brulées par le feu pour une mise en culture.

> Une étude récente (« *Forests and Finance* »), commanditée par une coalition d'ONG, révèle que, depuis les accords de Paris (entre 2016 et début 2020), l'investissement bancaire a augmenté de 40 % dans des secteurs causes de déforestation en milieu tropical : exploitation du bois et du caoutchouc, pâturages, plantations de soja et de palmier à huile de palme, pâte à papier. Ce sont trois banques brésiliennes qui ont accordé le plus de crédits à ces fins.

Les deux causes principales de la déforestation par l'homme sont l'exploitation du bois (pour le chauffage, la construction et la sidérurgie) et la recherche de terres de culture ou d'élevage. Il faut y ajouter la construction de barrages hydrauliques et l'exploitation de richesses minières.

Le cas du Japon est singulier : initialement couvert de forêts, l'archipel s'est retrouvé presque totalement déboisé après l'industrialisation de la fin du XIXe siècle (sous l'ère Meiji) ; mais après 1950, un retournement majeur s'est produit vers le retour à un « archipel vert ». Ce changement a eu deux origines : la substitution des combustibles fossiles au bois de chauffage et au charbon de bois pour la sidérurgie ; et l'importation massive de bois brut (faisant du Japon le premier importateur au monde) ce qui lui a permis de réduire la pression sur ses propres forêts. Il a été possible grâce à un contrôle sévère des abattages de bois et des mesures publiques de reboisement.

> C'est aussi en raison d'un impérieux besoin de bois (notamment pour la construction des bateaux) que les arbres ont disparu de l'Islande après l'arrivée des Vikings ; un gros effort de reboisement est entrepris de nos jours.

Une dernière cause de la destruction des forêts dans le monde est la multiplication ravageuse des incendies géants face auxquels les pompiers s'avèrent souvent impuissants.

> Les médias ont beaucoup parlé des incendies récents en Australie ; moins connus sont ceux de la taïga arctique (notamment en Sibérie) qui sont d'autant mieux alimentés que le sol tourbeux lui-même, dégelé, devient un bon combustible.

Ils peuvent être provoqués par la foudre ou par une imprudence humaine ; mais ne prennent de telles proportions que dans un contexte favorable de chaleur et de sécheresse. Nous verrons cependant plus loin que des facteurs humains peuvent interférer avec les conditions climatiques.

Le commerce du bois

Un secteur économique trop peu contrôlé

Le trafic illégal de bois peut prendre deux formes : des abattages sans permis et des abattages dans des zones interdites, avec impossibilité de traçabilité.

Un remarquable documentaire issu d'une enquête de France 2 (*Razzia sur le bois, Cash investigation, 2017*) dénonce son ampleur insoupçonnée. Deux multinationales y sont mises en question, à titre d'exemple : IKEA ce géant suédois du meuble (le plus gros consommateur de bois du monde) qui se targue de n'utiliser que du bois « garanti 100 % légal et traçable » ; et APP cette entreprise indonésienne, numéro deux mondial du papier et du carton d'emballage, qui a annoncé sa « conversion à l'écologie » en 2013.

> L'enquête de terrain des journalistes français sur la provenance du bois d'un des meubles IKEA les a conduits à remonter la filière relativement opaque de deux entreprises sous-traitantes en Roumanie (de la fabrication des meubles à celle du contreplaqué) jusqu'à une entreprise d'abattage faisant des ravages dans une forêt « vierge » de grands hêtres vieille de 10.000 ans (alors que Kronospan la société produisant les panneaux affirmait n'utiliser que des résidus de mauvaise qualité !). Pour finir par apprendre qu'une partie du bois livré à la société Kronospan provenait d'une entreprise autrichienne, elle-même objet d'un scandale, implantée en Roumanie ! Autant d'informations qu'ils n'avaient pu obtenir, en France, de la part du représentant d'IKEA, le premier consulté…
>
> Quant à la multinationale indonésienne APP, le même documentaire met en évidence son rôle dans les incendies incontrôlables qui ont ravagé Sumatra pendant 5 mois en 2015 (à l'origine de nuages épais de fumées toxiques irrespirables). Après avoir défriché de nombreuses surfaces forestières, elle a dû, pour y planter des acacias plus rentables, drainer l'épaisse couche de tourbe qui s'était formée sous la couverture forestière initiale. Or, cette tourbe asséchée est devenue une bombe très facilement inflammable, cause d'un désastre environnemental et sanitaire en Asie du S-E (dont la société a refusé d'assumer la responsabilité avant d'être condamnée).

Des labels peu fiables

Cette émission de Cash investigation soulève la question des labels forestiers censés garantir que le bois est bien issu de forêts gérées durablement. Ils sont actuellement de deux types : le PEFC, leader mondial de la certification, dont elle démontre la non-crédibilité (très facile à obtenir sans contrôle) ; et le FSC, créé en 1993, nettement meilleur (peut-être vaudrait-il mieux dire le moins mauvais des deux !), mais à la condition que le bois soit 100 % FSC. En soulignant que les labels sont financés en partie par les exploitants du bois eux-mêmes.

> Un documentaire d'ARTE plus récent (2018) confirme le manque de fiabilité du label FSC (falsification des déclarations, plaintes qui n'aboutissent jamais) en soulignant que Greenpeace s'en est retiré en 2018 ! Comme, en plus, de grandes quantités de bois ne sont pas labellisées nombreux sont donc les pays à filière du bois très incertaine (plus particulièrement la Russie, le Congo et le Brésil).

Insistons, pour conclure, sur le fait que l'exploitation des forêts n'est pas incompatible avec une gestion durable de cette ressource, mais pour autant que l'on veille à lui laisser le temps de se régénérer. Etant donné le rôle essentiel des forêts dans les équilibres climatiques planétaires et leur richesse en biodiversité, la préservation de ce qui reste de cette ressource en péril apparait comme une urgence.

Moins médiatisé que les conséquences du dérèglement climatique et de la déforestation, est le risque de pénurie des ressources minérales sur l'exploitation desquelles s'est fondé le développement de notre civilisation industrielle : énergies fossiles, métaux et sable.

Nous allons voir que ce risque est inégal, mais cependant problématique.

Risque de pénurie de ressources minérales

« Les énergies dites « propres » nécessitent le recours à des minerais dont l'exploitation est tout sauf propre ! Ces mêmes énergies que l'on appelle « renouvelables » se fondent sur des matières premières qui ne le sont pas et reposent sur des transformations génératrices de gaz à effet de serre »
Guillaume Pitron (journaliste)

Depuis toujours l'Homme a exploité les ressources minières terrestres, tant comme matières premières que comme sources d'énergie. Mais il a fallu attendre la révolution industrielle pour que cette exploitation génère des risques d'épuisement non réversibles.

Les ressources d'énergies fossiles

Une exploitation de moins en moins rentable

Charbon, pétrole et gaz naturel sont les énergies sur lesquelles s'est fondée la révolution industrielle des XIXe et XXe siècles. Ce sont des sources d'énergie fossiles dont la formation géologique a demandé des millions d'années. Ces réserves accumulées ne sont pas encore épuisées, mais leur exploitation a peu d'avenir à long terme.

La plupart des pays producteurs de pétrole ont franchi le « pic »du moment où leur production commence à décliner parce qu'il ne reste plus que des ressources plus difficiles d'accès dont l'exploitation est de plus en plus coûteuse. Il reste encore beaucoup de pétrole sous terre et mer, mais la quantité d'énergie pour l'extraire devient supérieure à celle produite !

> Lorsque le pic pétrolier est atteint la demande commence à excéder durablement l'offre ; ce qui provoque une hausse des prix qui s'intensifiera à mesure que la production décroîtra.

Quant aux ressources d'un type nouveau comme le gaz de schiste ou les sables bitumineux, les tentatives d'exploitation engendrent de graves dégâts environnementaux et se soldent souvent par un bilan financier désastreux.

> D'immenses gisements de sables bitumineux existent au Canada (en Alberta). Son extraction a commencé ; elle impliquerait la destruction de milliers d'hectares de forêts. Déjà les nappes phréatiques sont contaminées au détriment des populations autochtones qui vivent dans la région.

Le gaz naturel a plus d'avenir : d'abord parce que la découverte de nouveaux gisements a beaucoup progressé depuis 1980 ; et aussi parce que le gaz est moins polluant : une centrale au gaz émet deux fois moins de CO_2 qu'une centrale au charbon et le gaz brûle plus proprement que le charbon ou le pétrole parce qu'il n'émet ni oxydes d'azote ni dioxyde de soufre. C'est pourquoi on parle de les multiplier lorsqu'il est question de se passer de l'énergie nucléaire.

Les réserves mondiales de charbon sont encore considérables (très largement supérieures à ce qui est consommé, elles pourraient assurer encore pendant 150 ans la consommation mondiale d'aujourd'hui !). Son extraction est devenue peu coûteuse parce que les mines d'aujourd'hui sont à ciel ouvert où à faible profondeur.

> Après les Etats-Unis et la Russie, la Chine détient la troisième réserve mondiale ; c'est le premier producteur et le premier consommateur mondial et le charbon assure encore de nos jours plus de la moitié de ses besoins en énergie. Des Etats européens comme la Pologne et l'Allemagne ont encore d'importants gisements exploitables.
>
> Face à une période de méga feux sans précédent (liée au danger d'une exploitation de mines à ciel ouvert), le gouvernement

australien s'est longtemps réfugié dans une attitude climatosceptique afin de ne pas devoir remettre en question sa logique de développement économique fondée sur le charbon.

Sa combustion pour le chauffage, et surtout pour les centrales électriques est malheureusement très polluante (en gaz à effet de serre et en particules fines toxiques). C'est pourquoi la poursuite de l'exploitation du charbon est incompatible avec le respect des accords de la COP21.

En Europe les mines de charbon ferment les unes après les autres ; le déclin du secteur charbonnier va entrainer des centaines de milliers de pertes d'emplois (en Pologne plus particulièrement). La Chine s'efforce de rendre ses centrales plus propres et d'augmenter leur rendement ; comme aussi de gazéifier le charbon (par un processus souterrain complexe de « digestion » du carbone par des micro-algues).

Des énergies du passé

La combustion du charbon et des produits pétroliers est la principale responsable du dégagement de gaz à effet de serre. Il faudrait donc parvenir à convaincre les financiers de ne plus investir dans le secteur des énergies fossiles en acceptant de laisser l'essentiel des réserves restantes dans le sous-sol !

La plupart des firmes transnationales propriétaires des gisements se refusent pour le moment à le faire… ce qui ne les empêche pas, en même temps, de déclarer lutter contre le réchauffement climatique !

Mais l'exemple de l'Allemagne est encourageant à cet égard : depuis sa décision de sortir du nucléaire, l'Allemagne n'en est pas pour autant revenue au charbon : fidèle à son objectif de réduction de ses émissions de gaz à effet de serre, elle mise sur les énergies renouvelables (avec le développement de nouvelles filières et la création de nouveaux emplois).

Et la pétrochimie ?

Le pétrole est loin de n'être qu'une source d'énergie !

C'est la matière première avec laquelle un très important secteur industriel fabrique une extraordinaire diversité de produits de notre usage quotidien : à commencer par les plastiques, mais aussi des peintures, des détergents, des produits cosmétiques, des adhésifs, des fibres textiles, des isolants… la liste n'est pas limitative !

Nous verrons dans le second volume qu'émergent des possibilités intéressantes alternatives (une chimie à base végétale) ; mais face à la perspective d'une offre en diminution de cette ressource épuisable (et donc d'un pétrole de plus en plus cher) il y a là une raison de plus de réduire drastiquement sa consommation en tant que source d'énergie.

Conclusion

Notre relation avec le pétrole est plus problématique qu'avec le charbon parce que la civilisation industrielle contemporaine en est devenue fondamentalement dépendante. La demande ne diminue pas, bien qu'il soit acquis aujourd'hui que l'offre ne peut faire que diminuer à l'avenir et que sa consommation a des conséquences très négatives sur l'évolution du climat à court terme …Il semble impératif que l'humanité parviennent à en faire un usage plus intelligent et responsable !

Un besoin de nouveaux métaux

Des métaux « rares » devenus indispensables

Les matières premières principales de la révolution industrielle (après la première phase d'une industrie textile) ont été le charbon, le pétrole et des métaux tels que le fer, le cuivre, l'aluminium.

C'est sur d'autres métaux que repose actuellement le développement d'énergies renouvelables telles que le solaire et l'éolien et celui de véhicules à batterie promus dans l'objectif de lutter contre le réchauffement climatique. Comme aussi tous les secteurs de l'électronique et du numérique ! Remarquons qu'une dématérialisation de l'économie par le numérique est un mythe : nos smartphones, nos ordinateurs, ainsi que les serveurs qui les alimentent ne fonctionnent que grâce à ces métaux !

> Certains de leurs noms nous sont devenus familiers : cobalt et lithium (pour les batteries rechargeables et les aimants des moteurs électriques), tantale (pour l'électronique et, plus particulièrement, les condensateurs de nos smartphones qui sauvent nos données quand la batterie est à plat), indium (pour les puces électroniques et les écrans), germanium (pour le photovoltaïque), vanadium (pour l'industrie spatiale) … D'autres moins : ceux des 17 « terres rares » du tableau de Mendeleïev dont nous parlent de plus en plus souvent les médiasaujourd'hui.

Les besoins en ces métaux se sont accrus de manière exponentielle, et se sont diversifiés (électronique, énergies éolienne et solaire, numérique, acheminement et stockage de l'électricité, industrie spatiale, défense…).

Des matières premières « sales »

Si cette trentaine de métaux sont qualifiés de « rares » c'est parce qu'ils ne sont présents qu'en très faible quantité dans des minerais dont il faut les extraire.

C'est pourquoi l'extraction du métal recherché est extrêmement énergivore et polluante. Elle est le plus souvent délocalisée dans des régions où ce travail très dur peut être exécuté par une main-d'œuvre bon marché, exploitée sans protection pour un salaire de misère.

> Des journalistes de France 2 ont mené une enquête en 2014 dans un site minier du Kivu (en RDC), la région qui produit 80 % du minerai de tantale mondial (le coltan).
> La vision de ce documentaire est atterrante : des galeries mal étançonnées dans lesquelles s'enfoncent des hommes qui creusent 15h/j pour un maigre salaire ; des enfants aussi, que l'on s'efforce de cacher ; des accidents très fréquents par éboulement, avec des « morts fantômes » dont les corps restent dans la mine ; des travailleurs qui n'ont pas d'autre choix que d'y revenir tout en ayant conscience qu'ils risquent leur vie chaque jour ; des poussières de coltan légèrement radioactives…
> L'exploitation de ce minerai ne profite guère à la République du Congo : des groupes rebelles armés se financent grâce à elle au

passage (d'où l'expression « coltan, minerai du sang ») ; et, parmi les multinationales qui utilisent le coltan congolais on trouvait Nokia (qui soigne si bien son image « écologique »), Samsung et Sony !

La même équipe de Fr 2 s'est rendue dans un site minier du nord de la Chine qui produit plus de 80 % du néodyme mondial (un aimant puissant). Non sans peine, car la zone est interdite…
Une énorme quantité de déchets chimiques, dont certains radioactifs, sont ici rejetés dans la nature, ils ont contaminé l'eau et les sols ; et Baotu la ville proche est tuée à petit feu.

L'ex Katanga (RDC) est devenu la capitale mondiale du cobalt associé au lithium (les composants essentiels des batteries électriques) ; le précieux minerai, exploité aujourd'hui par des centaines d'entreprises chinoises, est exporté vers la Chine via les ports de l'océan Indien. Les villes de Kolwezi et Lubumbashi sont ceinturées de cratères profonds et de remblais de déchets ; et aussi noyées de poussières !
Des polluants se sont déposés dans presque tous les cours d'eau et les nappes phréatiques de la région ; on les retrouve aussi dans les poumons, le sang et les matières fécales des travailleurs creuseurs (dont les fonctions érectiles sont perturbées) ; les malformations congénitales se multiplient chez les nouveau-nés. Les travailleurs ne passent pas de contrôles médicaux !
Il faudrait entourer les remblais d'une membrane qui empêcherait les particules fines d'être emportées par le vent et les eaux de se répandre dans le sol… ce qu'aucune des entreprises ne prend la précaution de faire.

L'avenir de leur approvisionnement

Les réserves naturelles sont très inégales selon le métal considéré. La « durée de vie » de celles estimées rentables varie de quelques dizaines à quelques centaines d'années.

Le terbium est celui dont l'épuisement est le plus proche. Or, il entre dans la composition des lampes fluorescentes à basse consommation (de plus en plus remplacées par les leds), de certaines piles à combustible, de l'éclairage des écrans de nos téléphones portables et, surtout, des aimants permanents des éoliennes !

De nouvelles sources de métaux rares pourraient être exploitées (on extrait déjà du lithium dans des salines au Chili).

Bien que ces minerais soient naturellement relativement dispersés dans l'espace, leur exploitation est aujourd'hui concentrée dans une dizaine de pays seulement. Les marchés stratégiques de ces métaux sont aujourd'hui confidentiels et opaques.

Par ailleurs, le recyclage de ces métaux est entravé par le fait qu'ils sont utilisés sous forme d'alliages complexes ! Il revient beaucoup moins cher aux industriels de s'en procurer dans des mines que dans les poubelles électroniques !

Enfin, le problème géopolitique se pose du quasi- monopole que la Chine ambitionne de se réserver dans l'objectif de prendre le leadership mondial des technologies « vertes » grâce à des investissements énergétiques massifs dans le renouvelable ! Elle a désormais cessé l'exportation de ces métaux.

Un paradoxe largement méconnu

Les énergies dites « vertes » (fondement de la « transition écologique » en cours) reposent donc sur une production de divers métaux elle-même très génératrice de gaz à effet de serre !

Par ailleurs le problème de leur épuisement va inévitablement se poser à plus ou moins longue échéance. Là aussi nous allons nous heurter à la réalité d'un monde fini aux ressources limitées. A moins de trouver des substituts capables de remplir les mêmes fonctions.

Faute de pouvoir récupérer par recyclage les divers métaux dispersés dans la multiplicité de leurs usages, une deuxième piste est en effet la substitution des plus rares par d'autres éléments beaucoup plus abondants (et souvent moins toxiques).

Dans le cas où cela s'avèrera impossible il serait sage de réserver les métaux concernés à leurs usages les plus cruciaux par une sobriété volontaire.

Le pillage du sable

Très abondant sur terre, le sable est la matière première la plus utilisée au monde. Ses usages principaux sont l'industrie du verre et, surtout, celle du bêton (matériau de plus en plus utilisé pour la construction des bâtiments et des routes). Qu'il soit du sable de silice, du sable calcaire ou volcanique, l'essentiel est la taille des grains ; celui des sables des déserts est impropre à l'exploitation parce que trop fin.

Vu l'ampleur croissante de la demande industrielle pour la construction (plus particulièrement au Qatar, dans les Emirats Arabes Unis et à Singapour), le commerce international du sable est très important. On ne parle pas encore de pénurie. Mais le rythme de l'exploitation est supérieur au renouvellement de la ressource ; et le sable des plages asiatiques (en Indonésie et en Inde surtout) est souvent pillé de manière illégale àdes fins d'exportation.

> Pendant 20 ans et jusqu'il y a peu, une puissante entreprise privée indienne a pratiqué l'extraction illégale du sable de plages avec la double conséquence d'une salinisation et acidification des eaux agricoles et aussi d'une aggravation du risque d'inondation. Le sable pompé était exporté dans lemonde entier !
> Une enquête de journalistes d'investigation a mis fin à ce désastre… ce qui n'empêche pas la maffia du sable indienne de rester l'une des plus puissantes du monde !

Par ailleurs, le sable est précieux dans la lutte contre la remontée du niveau marin. Les Pays Bas et la Belgique procèdent déjà à des travaux de remaniements de leurs côtes dans ce but. Une extraction non contrôlée peut avoir de graves conséquences pourl'avenir.

Conclusion

Je n'ai pas évoqué ici un autre type de ressources minérales, celles nécessaires à la fabrication des engrais : les nitrates et les phosphates.

Le cas du phosphore (analysé dans un documentaire diffusé sur ARTE en 2013 : « *Vers une famine planétaire* ») est exemplatif du débat à mener sur ce sujet.

> Le phosphore est un des éléments fondamentaux du vivant ; aucune forme de vie n'est possible sans lui et sa ressource sous forme de gisements miniers de phosphate n'est pas renouvelable. Les végétaux le prélèvent sous forme de roche altérée solubilisée dans l'eau de pluie.
>
> Certains sonnent l'alarme parce que son cycle naturel est menacé par le développement de l'agriculture et de l'élevage industriels intensifs : grâce aux engrais phosphatés synthétiques, le rendement des céréales est en effet considérablement augmenté. C'est pourquoi cet engrais est massivement utilisé, au risque de voir prochainement s'épuiser les gisements de phosphate (actuellement contrôlés par quelques pays : Maroc, Afrique du Sud, Jordanie, Chine et USA).
> Il semble que ce danger puisse être évité de trois façons : éviter le gaspillage, recycler le phosphore (récupéré dans les urines des êtres humains, dans le lisier animal et dans les stations d'épuration des eaux), sélectionner des plantes capables de pousser avec peu de phosphate (c'est le cas de variétés anciennes de céréales tombées dans l'oubli !).

C'est l'usage de ces engrais chimiques plus que leurs ressources qui pose problème : on les déverse en excès par rapport aux réels besoins des plantes et leur emploi généralisé dans le cadre des cultures industrielles a eu pour conséquence une pollution des nappes aquifères et une eutrophisation des systèmes aquatiques naturels (par excès d'éléments nutritifs et manque d'oxygène) qui devient inquiétante.

> Le drame récent de Beyrouth (la terrible explosion qui a détruit la moitié de la ville en août 2020) a remis en évidence le danger de certains d'entre eux, tel le nitrate d'ammonium, lorsqu'ils sont stockés sans précaution !

Par ailleurs, il existe bien d'autres façons, naturelles, de renouveler la fertilité des sols (dont il sera question dans le chapitre « L'avenir d'une autre agriculture » du second volume).

Un environnement planétaire de plus en plus pollué est une autre sérieuse source d'inquiétude pour l'avenir de l'humanité.

Certaines pollutions comme celles des plastiques et des déchets industriels sont très visibles ; d'autres sont plus insidieuses parce que peu ou pas visibles.

Les effets possibles à long terme de certaines pollutions

« L'homme est un être biologique, enraciné dans le vivant, et il appartient toujours et indéfectiblement à la nature.
La capacité qu'il a maintenant de la contaminer n'a d'égale que celle où il est désormais de s'autodétruire »
Michel Magny (géologue et écologue)

Tout aussi vital que l'eau est l'air que nous respirons. Fort heureusement, il n'est pas question (comme pour l'eau) de faire payer sa consommation ; mais il arrive de plus en plus fréquemment, dans les régions densément peuplées, que l'air devienne irrespirable.

J'aborderai ensuite les conséquences d'un emploi généralisé d'une matière issue du pétrole dont il nous parait très difficile, voire impossible, de nous passer : le plastique. Nous verrons également qu'il est aisé aux pollueurs de nier leur responsabilité en confiant le soin de gérer leurs déchets industriels à des pays pauvres !

Ce chapitre se terminera par une pollution aux graves conséquences sanitaires, devenue omniprésente dans le monde d'aujourd'hui : celle des pesticides. Et, enfin, la question discutée trop peu connue des effets de l'essor de la communication numérique.

La pollution de l'air

« Le vivant c'est l'ensemble de ceux qui respirent »
Achille Mbembé (philosophe et politologue)

Comme l'eau, un air respirable devrait être considéré comme un bien commun dont la préservation est prioritaire. S'il n'est pas question, heureusement, d'envisager qu'un jour certains lobbies proposeront de nous vendre de l'air pur, il n'en est pas moins vrai que nombreux sont ceux qui ne se soucient pas d'éviter de le polluer !

Diverses causes

L'air que nous respirons est pollué par des microparticules en suspension (« particules fines ») ; d'un diamètre inférieur à 2,5 microns, elles sont suffisamment petites pour s'infiltrer dans les poumons jusqu'au cœur des alvéoles. Leur composition chimique est très diverse ; notamment de grandes quantités de métaux lourds (mercure, arsenic, cadmium, plomb…) et des produits de combustion.

L'air est aussi pollué par des gaz ; oxydes d'azote et ozone troposphérique (issu de la présence des oxydes d'azote) et divers composés organiques volatils, une pollution d'autant plus insidieuse qu'elle est invisible.

Ces rejets toxiques sont générés par les moyens de transport motorisés, les industries, la combustion des énergies fossiles pour le chauffage et les centrales électriques.

> La capitale indienne de New Delhi avait la réputation d'être la ville la plus polluée du monde ; on cite aujourd'hui Pékin. Et, effet paradoxal de l'épidémie du coronavirus, avec la mise à l'arrêt d'une grande partie de sa vie économique en février 2020, l'Etat chinois a connu, en quatre semaines, une baisse de ses émissions de GES évaluée à 25 % (et l'effacement du nuage sombre de particules fines nettement perceptible sur les photos satellite !).
>
> L'air bruxellois se dégrade lui aussi, au centre-ville, avec des conséquences sanitaires alarmantes du point de vue respiratoire ;

au point d'envisager de devoir alterner en cas de dépassement des normes (comme à Paris), la circulation automobile autorisée.
Les normes juridiques contraignantes ne sont pas respectées dans les zones où la circulation automobile est dense. Par contre, le confinement pendant la pandémie du coronavirus en 2020 a rapidement engendré une baisse substantielle de la pollution de l'air dans les villes (pouvant aller jusqu'à 75 % pour le dioxyde d'azote !).

Une des zones les plus touchées d'Europe par le dioxyde d'azote et les microparticules est la plaine du Pô : le vent circule difficilement dans cette cuvette, densément peuplée et siège d'une activité agricole et industrielle intense, encadrée des barrières des Alpes et des Apennins.

Longtemps vanté comme une technologie propre soutenue fiscalement, le moteur diesel s'est avéré beaucoup plus polluant que celui à essence, malgré l'installation de filtres à particules trop souvent inopérants.

On se souvient du « *scandalgate* » de Volkswagen en 2015 : ce géant de l'industrie automobile a dû reconnaître avoir truqué 11 millions de véhicules diesel pour les tests en laboratoire du contrôle de la pollution.
Sur ordre de la justice des USA, 500.000 véhicules ont été retirés de la circulation (et voués à la casse !) et leurs propriétaires dédommagés financièrement. Il n'en a pas été de même sur le marché européen. Quelques années plus tard, une enquête de Fr 2 « cash impact » (2019) a révélé le fait que les constructeurs français (Peugeot-Citroën et Renault) dépassaient largement (plus de 4 fois) les normes européennes d'émission sur route. La Commission européenne l'avait déjà dénoncé en 2012, en demandant le retrait de l'homologation de ces véhicules ; sans réaction de la part de l'Etat français (contre lequel des citoyens ont porté plainte).

Une grave affaire de santé publique qui a coûté cher à la collectivité, ce qui n'a pas empêché les constructeurs européens de continuer à bien se porter ; VW est même devenue aujourd'hui le numéro 1 mondial !

Il faut savoir aussi que le déplacement de ces polluants est possible sur de très grandes distances (jusqu'à des milliers de km !). L'augmentation des aérosols au-dessus du sous-continent indien peut par exemple conduire à un affaiblissement de la mousson ; or ces pluies d'été sont un élément clé pour l'alimentation des populations de l'Asie du Sud-Est.

Un phénomène dont on parle moins est celui du « carbone noir », ces nuages de particules fines de suie qui résultent d'une combustion incomplète de combustibles fossiles ou de bois.
On en a observé récemment sur les altitudes himalayennes. Ils contribuent au dérèglement climatique (par le réchauffement de l'air et donc de la glace, par leur dépôt qui fait fondre la neige, par leur effet perturbateur sur les moussons) ; fort heureusement leur durée de vie est très courte et leur réduction plus simple à réaliser que celle des GES.

Un problème de santé publique

Dans les villes plus particulièrement, la pollution atmosphérique devient un problème grave de santé publique. Ses effets sont diversifiés : asthme et autres troubles respiratoires ; augmentation du risque cardio-vasculaire ; augmentation du risque de certains cancers : troubles cérébraux. Jeunes et vieux y sont plus particulièrement sensibles.

Ses conséquences pour la santé sont encore trop souvent sous-estimées. Le problème est en effet celui d'une exposition quotidienne de longue durée qui peut, à terme, se montrer dangereuse même si la teneur de l'air en produits toxiques parait peu élevée. En abimant les muqueuses des voies respiratoires et des poumons, la pollution de l'air favorise la pénétration de virus toxiques. Elle génère une nette diminution de l'espérance de vie.

Les décès prématurés dus à la pollution de l'air sont estimés à 800.000/an en Europe (dont près de 9.000/an en Belgique).
Selon l'OMS, l'exposition aux particules fines dans l'air causerait chaque année environ 7 millions de morts prématurées dans le monde.

Nous en sommes arrivés au constat tragique que respirer peut tuer à petit feu !

Des plastiques envahissants

Les plastiques sont des polymères synthétiques fabriqués (depuis les années 1940) à partir de produits pétrochimiques. Leur usage s'est généralisé à partir des années 1950 (industriels, agricoles, médicaux, quotidiens…). La production annuelle mondiale est passée de 2 millions de tonnes en 1950 à 300 millions aujourd'hui ; elle consomme 8 % du pétrole extrait sur la planète, moitié comme matière première et moitié pour l'énergie nécessaire à leur fabrication.

La grande qualité des plastiques est leur durabilité. Mais c'est aussi leur grand défaut : les déchets ne se dégradent qu'après de nombreuses décennies, voire des siècles ! Et, si on les incinère, ils dégagent des substances chlorées qui génèrent des dioxines très toxiques.

Une pollution dispersée, résistante et toxique

Légers, facilement emportés par le vent ou l'eau, les déchets plastiques ont envahi le monde entier ! L'opinion publique en devient consciente (ne fût-ce que par les sacs plastiques que l'on retrouve jusque dans les arbres du Sahel !).

Dans les océans, ils s'accumulent à toutes les profondeurs. Les plus légers restent en surface, formant des espèces de « soupes détritiques » permanentes (par exemple, dans le Pacifique 80.000 tonnes sur une surface égale à 3 fois la France !).

Le premier problème de cette pollution est sa persistance.

Selon sa composition, le temps nécessaire à la dégradation du plastique s'étale de 50 ans à 5 siècles (voire des millénaires !). Ce qui explique l'énorme masse de débris plastiques aujourd'hui dispersés dans l'environnement sous forme de fragments minuscules (les plus petits d'une taille de 10 nanomètres soit

1/100.000 de mm !). Ils ont envahi toute la planète et, notamment, les océans et les organismes vivants (le nôtre compris !).

> Une étude récente publiée dans la revue « *Nature Communication*» dénonce l'impact du secteur routier dans cette pollution par des micro-débris plastiques issus de l'usure des pneus et des plaquettes de freins, dont environ la moitié finirait dans les océans. Les plus légères se déplacent dans l'air à très longues distances ; on en retrouve sur les zones neigeuses et les glaciers dont elles diminuent l'albédo et donc augmentent la fonte.

Le second problème est sa toxicité.

Les microparticules plastiques dans l'air contribuent, avec bien d'autres, au développement de maladies respiratoires. Les biologistes ont souligné les dangers des débris plastiques pour la faune marine dont ils envahissent le tube digestif ; et le fait qu'ils sont donc désormais entrés dans les chaînes alimentaires.
On a récemment pris conscience des risques de l'usage du plastique pour les récipients alimentaires et les jouets.

> Le cas du bisphénol (BPA) utilisé pour les biberons et les filtres alimentaires, est emblématique à cet égard ; il a fini par être interdit dans les pays occidentaux (mais continue d'être produit ailleurs).

Les plastiques sont en effet accusés d'être des perturbateurs endocriniens ; d'autant plus qu'on y ajoute divers éléments chimiques (le plus souvent non précisés) dans le but d'obtenir certaines propriétés fonctionnelles (comme plus de souplesse). C'est ce qu'on appelle « l'effet cocktail » : l'effet combiné d'une addition de plusieurs facteurs est supérieur à la somme de l'impact de chacun d'entre eux pris séparément !

Les effets sur notre santé sont encore à l'étude. 50 % de leurs composants sont déjà classés comme dangereux par l'ONU ; il semble que certains des additifs du PVC soient cancérigènes. Un rapport récent du FNRS (2019) émet l'hypothèse de modifications de l'expression des gènes induites et transmises par les mécanismes de l'épigénétique.

Enfin, le traitement des déchets plastiques par incinération engendre des émissions de polluants organiques (dont les tristement célèbres dioxines).

Des promesses de recyclage non tenues

En ce qui concerne les déchets ménagers, la population belge est réputée pour ses capacités de tri. L'usage des sacs bleus nous donne bonne conscience et Fost Plus nous annonce un taux de recyclage d'au moins 40 %.

Un reportage belge récent (*Que deviennent vraiment nos déchets plastiques* RTBF 2015) révèle cependant une réalité désolante :

> La plupart des emballages plastiques (dont l'usage s'est aujourd'hui généralisé) ne sont pas recyclables et vont donc à l'incinérateur. Seuls les plastiques polyéthylènes (PMC) le sont, et encore pour autant qu'ils ne soient pas revêtus d'une pellicule en une autre matière ...ce qui est très souvent le cas pour des raisons de marketing !
> Le taux de recyclage est surévalué par Fost Plus : les emballages abandonnés dans la nature ne sont pas comptabilisés (on ne collecte pas tout, loin de là !) ; et le poids des impuretés éliminées échappe lui aussi aux statistiques.
>
> Plus inquiétante encore est la question des déchets plastiques industriels. D'abord parce qu'ils représentent un volume beaucoup plus important (près de 90 %). Ensuite parce que la plupart d'entre eux sont exportés (la Belgique est le 5e exportateur au monde !) : le recyclage n'apparaissant plus assez rentable aux entreprises, des tonnes de bouteilles sont envoyées par conteneurs (un moyen de transport peu coûteux) vers des pays où la main-d'œuvre est moins coûteuse elle aussi. L'exemple de la Malaisie a fait l'objet d'une enquête de Green Peace : des tonnes de déchets abandonnés par des entreprises illégales peu scrupuleuses, des déchets incinérés de nuit avec de graves conséquences sanitaires, un contrôle et un traçage impossible... Le gouvernement malaisien semble dépassé !

Faute d'assumer la gestion de nos propres déchets, nous les exportons donc vers des pays asiatiques poubelles. La Chine a désormais interdit cette exportation nuisible.

L'amoncellement des déchets industriels

Les entreprises occidentales ont une fâcheuse tendance à exporter vers les pays pauvres les pollutions engendrées par leur activité industrielle. Nous avons vu plus haut le cas de l'extraction des minerais de « métaux rares » ; il en va de même pour la gestion des déchets.

Un trafic international maffieux de déchets électroniques

Le secteur de l'électronique est générateur d'une énorme quantité de déchets. Une des raisons de leur accumulation croissante est la stratégie d'obsolescence programmée des grandes entreprises multinationales (dont je parlerai plus loin p.102).

Leur exportation est interdite par la loi en Europe. Recupel est l'organisation belge chargée de la collecte et du recyclage des appareils électriques et électroniques. Elle fut créée suite à l'obligation légale pour tout commerçant qui met en vente un tel appareil sur le marché belge de prendre également en charge sa collecte et son retraitement. Mais, comme pour les déchets de plastique, les grandes entreprises donnent leur matériel usagé à recycler sans vérifier l'usage qui en est fait !

Le recyclage est une opération coûteuse ; elle revient beaucoup moins cher dans les pays dits « en voie de développement » d'Afrique (surtout le Ghana) et d'Asie où les coûts de la main-d'œuvre sont beaucoup moins élevés. C'est pourquoi s'est développé un trafic mondial maffieux tentaculaire qui concerne environ 60 % de ces déchets. Les matériaux récupérés sont ensuite réexportés dans les pays plus industrialisés d'où ils proviennent (Europe, Chine…) !

Un documentaire RTBF (« *Pakistan : maudits soient les déchets* », 2016) illustre ce problème par l'exemple d'un quartier pauvre de Karachi :

> On y voit des amoncellements d'ordinateurs, de claviers et d'imprimantes dont certains seront remis en vente comme matériel d'occasion (plus ou moins fiable). Et, surtout, des ateliers sauvages de récupération des métaux (cuivre, or, métaux rares) après avoir brûlé les plastiques ; de pauvres gens y opèrent sans aucune protection sanitaire, inconscients des dangers de ce travail pour leur propre santé (maladies respiratoires et neurologiques, cancers, allergies) comme pour l'environnement (pollution de l'air, des cours d'eau et de la mer, irrigation des champs avec des eaux polluées).
> Quant au gouvernement, il ne fait rien : il a d'autres priorités (à commencer par l'amoncellement des dépôts d'ordures ménagères dans sa capitale !).

La « Convention de Bâle sur les déchets dangereux », ratifiée par tous les Etats en 1989 et renforcée depuis, visait pourtant à limiter la toxicité de cette activité aux filières rémunératrices… mais l'impunité semble demeurer la règle.

L'exemple de l'Albanie devenue la « poubelle de l'Europe »

Beaucoup plus proche de nous, le cas de l'Albanie dénoncé par un autre documentaire RTBF (« *Albanie, terre de déchets* » 2014) est lui aussi très interpelant. Le gouvernement albanais, issu de la chute du régime communiste en 1991, semble incapable, malgré l'interdiction légale officielle, d'enrayer le développement d'immenses décharges sauvages alimentées par des apports venus de l'étranger.

> Le film nous montre une décharge dans la capitale, que se disputent les populations Rom et des anciens paysans montagnards du nord devenus chiffonniers.
> Ils y récupèrent notamment du carton que leur rachète à très bas prix une entreprise locale de recyclage de papier pionnière en Albanie.
> Cette entreprise travaillait jadis avec des déchets importés des pays voisins, mais, depuis 2014, le gouvernement a interdit ces

importations (sans un contrôle efficace !). L'usine travaille désormais très en dessous de ses capacités.

On nous montre aussi la grande usine métallurgique de Kurum (créée dans les années 60 par le régime communiste et rachetée par des Turcs)
Malgré l'interdiction gouvernementale d'importer des déchets, elle continue de fabriquer de l'acier avec de la ferraille locale et aussi importée (cette dernière étant considérée comme une matière première).
Les accidents sont fréquents (quand il s'agit de ferraille de guerre) et la pollution de l'air (par des fumées toxiques mal filtrées) génère une augmentation des maladies respiratoires au sein d'une classe ouvrière très pauvre.

Une dénonciation difficile

Des journalistes tenaces et compétents mènent des enquêtes d'investigation qui aboutissent souvent à dénoncer le comportement polluant des grandes entreprises. Ils sont aux prises à du harcèlement et des menaces ; certains d'entre eux ont même été assassinés, sans scrupule…

Mais « *même si vous tuez le messager vous ne tuerez pas le message* » !

L'omniprésence des pesticides

Au début du XXIe siècle on estimait qu'en France, 96 % des eaux de surface et 61 % des nappes souterraines contenaient des pesticides : un constat qui témoigne de l'ampleur du problème ! Un problème qui est devenu aujourd'hui généralisé au monde entier. Invisibles à l'œil nu, les pesticides font cependant partie de notre quotidien (on les retrouve non seulement dans l'eau, mais aussi dans l'air et dans les aliments que nous mangeons) !

Ses causes

Le principal facteur explicatif de cette situation est le développement d'une agriculture industrielle fondée sur des monocultures mécanisées à haute productivité (destinées en grande partie à l'alimentation des animaux d'élevage) : la monoculture favorise le développement des maladies et exige la suppression des autres espèces (en tant que « mauvaises herbes ») ; ce qui impose l'emploi de pesticides chimiques, au sens large de produits phytosanitaires (insecticides, fongicides) et d'herbicides.

Les premières responsables sont les firmes transnationales bénéficiaires de ce type d'agriculture en tant que productrices à la fois des pesticides et de semences génétiquement modifiées pour y résister. Un sujet qui sera développé plus loin dans le chapitre consacré aux entreprises transnationales.

Ses conséquences

On parle beaucoup des effets des pesticides sur l'environnement : pollution des eaux, des sols et de l'air parfois très loin de l'endroit où ils ont été répandus (par pulvérisation à grande échelle le plus généralement).

Moins connues sont les conséquences sur la santé humaine qui font aujourd'hui des pesticides un problème de santé publique aussi grave que celui la pollution de l'air. Ils persistent longtemps, dans l'environnement minéral comme dans les organismes vivants, et ont des effets à long terme même à faible dose.

> Dans les cas les plus graves, les pesticides sont susceptibles de provoquer des cancers et des malformations génétiques ; ils ont été récemment reconnus comme perturbateurs endocriniens (et sont accusés d'être peut-être cause d'une inquiétante infertilité masculine croissante).
> Or il est malheureusement fréquent que des zones habitées proches des cultures soient contaminées faute de zones tampons légalement imposées ; et on en trouve des traces sur tous les fruits et légumes non bio mis en vente !

Les firmes transnationales productrices (dont Monsanto est la plus puissante) continuent aujourd'hui de nier le problème, en axant leur publicité sur la merveilleuse efficacité de leurs produits (qui ne séduisent pas que les agriculteurs, mais aussi de nombreux amateurs de jardinage !).

Un bain d'ondes électro-magnétiques

« Les plus insidieuses des pollutions sont celles qui ne se voient pas ! »

Ces deux dernières décennies ont connu un développement considérable des technologies de communication sans fil. L'ampleur et le succès de cette révolution numérique mondiale du XXIe siècle sont tels que la grande majorité des terriens n'envisagent plus de pouvoir s'en passer.

La Terre baigne aujourd'hui dans les ondes électromagnétiques nécessaires au développement de l'internet ; au point que l'on parle de la formation d'un « électrosmog » (brouillard électromagnétique) ! Inodore, incolore, inaudible et invisible, cette pollution est largement ignorée du grand public.

> Après une première vague d'inquiétude des citoyens occidentaux face à la multiplication des antennes de la téléphonie mobile naissante dans les années 1990, l'accès à internet s'est généralisé, au XXIe siècle, à l'ensemble de la planète. C'est surtout dû à l'innovation puis la rapide diffusion du smartphone (dont nous avons vu ci-dessus le grave impact environnemental et social) qui est devenu un besoin considéré comme prioritaire.
> Il parait que de petits panneaux solaires se multiplient sur les maisons en Birmanie pour pouvoir recharger les téléphones mobiles dans les zones non desservies en électricité !

Je suis consciente qu'en traitant ce chapitre sur le même pied que les pollutions précédentes, je vais m'attirer les critiques de tous ceux pour qui le numérique, c'est le progrès, et c'est l'avenir. Et qu'en plaidant le respect du « principe de précaution » en raison d'un risque à long terme pour la santé, je vais apparaître d'un conservatisme tout à fait dépassé. Car l'outil est plus que séduisant !

Peut-être serai-je mieux entendue en soulignant la forte empreinte écologique de l'essor mondial exponentiel du numérique.

Quelques rappels techniques pour commencer

Il s'agit d'un rayonnement électromagnétique de faible intensité, mais de haute fréquence (« micro-ondes ») et qui n'est pas ionisant comme l'est la radioactivité. Son intensité décroît proportionnellement au carré de la distance.

Seuls les effets thermiques à court terme de ces rayonnements non-ionisants sur l'organisme humain (élévation de température par agitation des molécules d'eau des cellules vivantes) sont reconnus par tous les scientifiques et aisément mesurables. Afin de limiter cet effet d'échauffement, l'Organisation Mondiale de la Santé a fixé une norme d'émission à ne pas dépasser (40 V/m) dans le but d'assurer une protection du cerveau contre une exposition intense et de courte durée.

Mais depuis les années 1950 déjà, les études se sont multipliées sur des effets biologiques d'une exposition prolongée à ces rayonnements, même à de faibles puissances. C'est au point que l'on parle aujourd'hui d'un « syndrome des micro-ondes ».

> On y trouve une très grande diversité de symptômes : fatigue, irritabilité, céphalées, nausées ; modifications du rythme cardiaque et de la tension artérielle : somnolence, insomnies, difficultés de concentration, troubles sensoriels ; troubles dermatologiques et sanguins ; perturbation de l'électro-encéphalogramme...). Avec une plus grande vulnérabilité des enfants.

Ce sont les symptômes dont se plaignent depuis longtemps ceux que l'on dénomme les personnes « électro-hypersensibles ». Elles ne sont pas recensées, mais à chaque saut technologique l'hypersensibilité semble augmenter. En Belgique, on évalue leur nombre à 5 % de la population.

> Certaines en souffrent d'une manière insupportable, au point de devoir s'exiler dans des zones-refuges dépourvues de réseau (dites « blanches ») ! On en parle peu, leur parole est discréditée (on leur reproche souvent d'être des malades imaginaires)... Il se pourrait pourtant que cette minorité fasse office de « sentinelles » préfigurant un impact futur sur la santé plus généralisé... ou bien

peut-on espérer que l'organisme humain va progressivement s'adapter ?

Il semble que ces ondes interfèrent notamment sur les modes de communication intercellulaires (et qu'elles puissent générer des tumeurs). L'OMS a fini par classer, en 2011, ces champs électromagnétiques comme « *ayant des effets cancérigènes pour l'homme possibles* ».

Il me semble ici important de distinguer le risque que l'individu décide personnellement d'assumer et le risque subi qui est imposé, au bénéfice d'acteurs économiques privés, à toute une collectivité.

Il faut savoir que les compagnies d'assurance n'acceptent pas de couvrir les opérateurs de téléphonie mobile en responsabilité civile !

Le refus du « principe de précaution »

D'une manière générale, les pouvoirs publics refusent l'application du principe de précaution tel qu'il fut déjà défini, en 1992, à la conférence de Rio sur l'environnement :

> « *En cas de risque de dommages graves ou irréversibles, l'absence de certitude scientifique absolue ne doit pas servir de prétexte pour remettre à plus tard l'adoption de mesures effectives visant à prévenir la dégradation de l'environnement* »

Il a été reformulé récemment par Nicolas Hulot comme suit :

> « *Principe invoqué lorsqu'un phénomène, un procédé ou un produit représente un danger possible pour la santé ou la protection de l'environnement et dont les données scientifiques existantes ne permettent pas d'évaluer plus précisément le risque encouru* »

Jim Dratwa (physicien et philosophe) insiste sur le fait que « *le principe de précaution est un principe d'action et non d'abstention ; il appelle à prendre des mesures malgré l'absence de certitude* ».

Du point de vue du mode de pensée, ce principe est révolutionnaire : il anticipe sur l'avenir et il implique un nouveau rapport à la science et à l'expertise. Il légitime d'agir sans attendre, en raison des conséquences possibles d'une action différée. Mais, en tant que tel, il est encore difficilement applicable en termes de droit contraignant.

Faute de se voir opposer des preuves indiscutables d'un effet nocif sur la santé, la stratégie du doute est ici très payante (comme ce le fut longtemps pour l'amiante et le tabac ; et comme ce l'est encore pour les faibles doses de radioactivité). S'il est un secteur industriel où les experts consultés sont inféodés au lobbying c'est bien celui-là !

> Le cas de la France est exemplaire, comme le révélait déjà, avant le développement du smartphone, un documentaire diffusé sur FR3 *(L'impact des REM sur le vivant 2011)*. On y voit les premières expériences qui témoignent d'un impact des ondes sur les embryons de poulet et les rats ; ainsi que l'implication, au service des opérateurs de téléphonie mobile, de deux chercheurs renommés très proches du secteur (René De Sève et Bernard Veyret) ; et le fait que leurs représentants refusent les interviews et le débat public, se contentant d'essayer d'obtenir le silence des riverains qui se plaignent d'effets nocifs liés au placement d'une antenne (hécatombes chez leur volaille, maladie de leur enfant).

Les études scientifiques s'étant multipliées, le nombre va croissant des médecins qui dénoncent un sérieux risque à long terme pour la santé des êtres humains suite à un usage prolongé de ces technologies sans fil.

Sensible à la pression du puissant lobbying des industriels des télécommunications, l'OMS n'a cependant toujours pas remis sa norme en question.

C'est pourquoi de nombreux pays, dont la Belgique, ont adopté, sous la pression des écologistes, des normes légales beaucoup plus exigeantes que celle de l'OMS.

Une étude scientifique ambitieuse (Cosmos) a débuté en 2010 dans le but d'évaluer l'existence de risques pour la santé liés à l'utilisation des téléphones portables sur le long terme (30 ans).

> Les données vont être recueillies auprès de 250.000 utilisateurs adultes volontaires en bonne santé dans 5 pays (R-U, Danemark, Finlande, Pays-Bas et Suède). Malheureusement, dans le comité de pilotage de certains de ces pays on retrouve des négationnistes notoires.

Et bientôt la 5G ?

Le débat relatif aux effets du rayonnement électromagnétique sur les organismes vivants a été relancé par l'arrivée sur le marché de « la 5G ».

La 5G c'est beaucoup plus qu'une amélioration de la téléphonie mobile : c'est une technologie révolutionnaire à très haut débit qui nous promet une hyper connexion ultra rapide, permanente et en tous lieux (entre humains, entre machines, entre humains et machines) ; ses usages potentiels sont multiples, tant civils que militaires. C'est sa réactivité qui permettra, par exemple, le développement des voitures connectées.

Il s'agit de l'utilisation d'ondes porteuses de plus hautes fréquences (jusque dans la gamme des longueurs d'ondes millimétriques) qui franchissent moins bien les obstacles matériels. Les micro-antennes devront donc être très nombreuses (tous les 100 à 150m) ; les toits n'y suffiront plus, les opérateurs devront utiliser le mobilier urbain. Les défenseurs de cette nouvelle technologie soulignent qu'elle est moins énergivore, en arguant du fait que cette densification du réseau d'antennes aura l'avantage qu'elles pourront être moins puissantes et plus ciblées et que les smartphones devront émettre moins de puissance pour atteindre une bonne qualité de réception.

Une élévation des normes légales relatives à l'émission des antennes sera néanmoins nécessaire dans certains pays. C'est le cas de la Région bruxelloise où le seuil légalement autorisé a déjà été relevé de 3 à 6 V/m en 2013 pour le passage à la 4G.

Comme trop souvent, la fixation des normes en matière de santé publique, relève de décisions arbitraires en fonction d'un rapport de forces économique! Les décideurs politiques demeurent prioritairement soucieux de n'imposer que « *ce qui est techniquement et économiquement possible* » (comme l'a déclaré la ministre française de l'écologie, N. Kosiusko-Morizet, en 2011).

Les investissements nécessaires en infrastructures (et donc en dépense d'énergie et de matières premières) sont énormes. Quant à la consommation d'énergie pour le fonctionnement du réseau, elle risque, malgré l'efficacité énergétique de cette nouvelle technologie, d'augmenter considérablement par une explosion du débit. Comme les autoroutes sont cause d'un accroissement du trafic automobile par un « effet rebond », la 5G augmentera considérablement le volume des flux numériques.

> Des satellites en orbite basse devront être déployés (des dizaines de milliers parait-il !) au point que les météorologistes craignent que ces ondes millimétriques ne viennent brouiller la fréquence de vibration de la vapeur d'eau, diminuant ainsi la qualité de leurs prévisions !

Promettre simultanément de réduire les émissions de GES et de développer la 5G est donc un discours paradoxal de la part de nos décideurs politiques !

Remarquons enfin que, vu son infrastructure décentralisée, la 5G sera plus vulnérable aux cyber attaques.

Et tout ça pour quoi ?

Les entreprises réclament la 5G au nom de la compétitivité et de l'emploi. Pour pouvoir se connecter de partout et communiquer beaucoup plus vite (avec des hauts débits jusqu'à 100 fois plus rapides qu'avec la 4G !) afin de rester concurrentiel sur le marché mondial du numérique.

Les pouvoirs publics voient la 5G comme un synonyme de croissance ; et ils estiment qu'il faut l'encourager quels que soient les coûts sociaux et environnementaux.

La Commission européenne demande le déploiement de la 5G (face à la menace d'une saturation du réseau 4G) pour 2025. En attendant elle octroie des licences temporaires.

Les Chinois ont pris de l'avance : Huawei est aujourd'hui le leader mondial de la 5G ; cette entreprise privée, soutenue financièrement par le pouvoir, est championne de l'innovation en la matière et pratique en dehors de la Chine des prix moins élevés que sur le marché intérieur. L'Europe a décidé de lui laisser la porte ouverte, contrairement au Japon et à Trump (qui craint de l'espionnage de la part de la Chine !).

En Belgique, Proximus (dont l'Etat est actionnaire à 54 %) a voulu déjà prendre de l'avance dans le but de devenir « l'opérateur de référence en Europe » : il a annoncé, fin mars 2020, un déploiement expérimental dans 30 communes de Flandre et de Wallonie ; dans le cadre d'une consultation publique ouverte par l'IBPT (Institut belge des Services postaux et des Télécommunications) qui n'avait de « publique » que le nom puisque le pays était en période de confinement !

Il faut réaliser que les enjeux financiers sont énormes. Les opérateurs de téléphonie mobile, et surtout les fabricants de smartphones, tablettes et autres objets connectés de tout genre qui devront tous être remplacés, y trouveront largement leur compte. De même que les géants du numérique qui développent les systèmes d'exploitation et exploitent nos données.

C'est pourquoi tous nous présentent la 5G comme le progrès technologique dont on ne pourra se passer !

Conclusion

Le passage à la 5G devrait faire l'objet d'un large débat démocratique avant toute prise de décision par les pouvoirs politiques. Dans le cadre d'une large campagne d'information des citoyens concernant ses impacts environnementaux et sanitaires.

Il est vrai que la 5G peut améliorer potentiellement bien des aspects de notre vie ; mais ce qu'on nous promet pour nous allécher est loin d'être indispensable (comme par exemple, un meilleurs accès vidéo sur nos smartphones et la mise en marche à distance d'appareils ménagers). Il me semble qu'il serait plus responsable de réserver cette technologie de pointe à quelques usages prioritaires comme, par exemple des opérations chirurgicales à distance).

Plus pernicieuse encore, par son invisibilité et ses conséquences sanitaires avérées à long terme, est la pollution radioactive. Le développement de l'industrie nucléaire présente de sérieux risques à cet égard qu'un lobby puissant s'efforce de minimiser.

Le nucléaire, une énergie propre ? Nous en discuterons dans le chapitre suivant.

Le risque nucléaire

« Nous avons déclenché des événements qui nous dépassent »
Geneviève Azam (économiste)

Il semble qu'il faille être japonais (Fukushima, après l'horreur des bombes d'Hiroshima et Nagazaki) ou biélorusse (Tchernobyl) pour prendre la vraie mesure des conséquences tragiques d'un accident dans une centrale nucléaire pour les êtres humains !

Et si les accidents sont possibles, mais heureusement rares, se pose par ailleurs le grave problème non résolu de l'avenir des déchets radioactifs.

Des radiations gravement nocives

Les conséquences à long terme des accidents

Elles sont généralement sous-estimées parce c'est la plus invisible de toutes les pollutions et que son impact sur la santé ne se manifeste qu'à long terme.

Un film documentaire de 2006 (*« Le soleil et la mort Tchernobyl et après »* de Bernard Debord) révélait déjà un nombre de malformations génétiques en grande augmentation à présent que les enfants de Tchernobyl devenaient en âge de procréer (avec de nombreux abandons à la naissance).

Mais aussi que les scientifiques biélorusses et ukrainiens qui avaient dénoncé les effets sur la santé des faibles doses radioactives étaient interdits de publication, condamnés à résidence voire même envoyés dans des camps.

> Le rapport de l'AIEA (Agence internationale sur l'énergie atomique) sur les conséquences de Tchernobyl, avec la complicité de l'OMS, n'a toujours pas pris en compte les effets à long terme de l'absorption des petites doses !

Risques pour les travailleurs

A Tchernobyl comme à Fukushima, des ouvriers ont été envoyés « au front » pour essayer de limiter les dégâts de la catastrophe. Ils ont inévitablement été contaminés.

Par ailleurs, même sans accident, les conditions de travail de certains des travailleurs du nucléaire ne sont pas sans risque pour leur santé. La maintenance des centrales et des usines de retraitement des déchets en France et en Belgique est majoritairement confiée à des sous-traitants mal payés et insuffisamment protégés… Le réalisateur belge Alain de Halleux nous a sensibilisés à cette question, dont on parle trop peu, dans son film *« R.A.S rien à signaler »* en 2009.

Deux ressources nécessaires limitées

L'uranium, la matière première nécessaire au nucléaire, est, lui aussi, une énergie « fossile », qui engendre une dépendance comme le pétrole et n'est pas inépuisable (on parle d'un épuisement possible des gisements en 2040 !). Il est fréquent dans la nature, mais dispersé en très faible proportion dans des minerais dont il faut commencer par l'extraire grâce à un traitement complexe. Il faut ensuite l'enrichir en l'un de ses isotopes, l'uranium 235 qui est le seul fissible (l'uranium naturel n'en contient qu'un pourcentage trop faible : 0,7 %). Cette opération se fait dans des usines spécialisées.

Les problèmes liés à l'extraction minière de l'uranium dans les pays producteurs sont rarement soulignés : exploitation des travailleurs et dégâts environnementaux. Un article du *Monde Diplomatique (juin*

2008) dénonçait, par exemple, le cas du Niger (où des concessions minières ont été accordées par le Gouvernement à de nombreuses sociétés étrangères).

> Remarquons aussi que l'extraction de l'or pour l'industrie de la joaillerie, à partir de minerais qui contiennent aussi de l'uranium, peut générer, comme c'est le cas en Afrique du sud, une pollution dangereuse pour la santé des riverains lorsque des tonnes de déchets radioactifs demeurent entassés à l'air libre !

Les surgénérateurs (réacteurs à neutrons rapides) ont, eux, l'avantage de pouvoir utiliser tout l'uranium naturel ; ce qui augmenterait de plus de cent fois les réserves potentielles ; mais ils ont été interdits (en France et aux USA) en raison de leur danger !

Par ailleurs, on l'oublie souvent, le nucléaire consomme énormément d'eau : 40 % des besoins industriels en eau sont utilisés pour le refroidissement des réacteurs !

La gestion non assurée des déchets radioactifs

Se pose aussi le très grave problème non encore résolu des déchets radioactifs générés par les centrales nucléaires (dont certains peuvent rester dangereux pendant des dizaines, voire des centaines de milliers d'années !).

> Le plutonium, l'un des plus toxiques, a une demi-vie de 24.000 ans (temps nécessaire pour que l'intensité des radiations diminuent de moitié) !

Pendant longtemps, ils ont été rejetés en mer, ce qui est aujourd'hui interdit. Leur mise en attente dans des piscines ou des containers ne pourra pas être prolongée indéfiniment.

On étudie aujourd'hui les possibilités d'un enfouissement dans le sous-sol en profondeur (avec d'évidents problèmes de sécurité à long terme à résoudre). Une vingtaine d'Etats ont opté pour ce stockage géologique.

La Belgique est l'un des rares Etats de l'OCDE qui n'ont pas encore décidé de ce qu'il va faire de ses déchets à haute teneur radioactive et/ou de longue durée.

Le choix des sites semble s'orienter vers les argiles flamandes de Boom ; la rumeur court que l'Ondraf s'intéresserait aussi, à présent, aux schistes ardennais ! Mais la Région wallonne rejette le principe même de la solution d'enfouissement proposée, ayant jugé l'évaluation des risques insuffisante.
L'Ondraf a lancé une consultation publique à ce sujet (en 2020, bien malencontreusement pendant la période du confinement pour cause de Covid-19 !) ; la majorité parlementaire vient de refuser la demande du parti Ecolo d'un débatpublic.

Par ailleurs, il est difficile d'admettre que la génération qui a bénéficié de l'énergie nucléaire laisse aux générations suivantes le pénible devoir de régler les problèmes causés par ce funeste héritage… mais comment l'éviter, quand l'Ondraf lui-même nous annonce que les travaux de mise en place des déchets prendront de nombreuses dizaines d'années !

Le risque de l'emploi d'armes de guerre nucléaires

Impossible enfin de ne pas évoquer l'emploi potentiel du nucléaire comme arme de guerre. On passe en effet relativement aisément du nucléaire pacifique à la fabrication d'armes de guerre (avec un des sous-produits de la fission de l'uranium 238, le plutonium) ; ce qui explique la grande crainte des USA face à l'Iran.

Malgré la fin de la « guerre froide Est-Ouest », le risque d'un tragique dérapage demeure possible tant que certains Etats continueront d'accumuler des stocks de missiles à ogives nucléaires et qu'ils auront à leur tête un dirigeant incontrôlable du genre de Poutine, Xi Jinping ou Trump…

Les puissances nucléaires sont au nombre de 9 : USA (1945), ex URSS (1949), Chine (1964), France (1968), Inde (1974), Pakistan (1998), Corée du Nord (2016) et Israël (même s'il ne l'a jamais reconnu officiellement !).
Leur arsenal a été réduit depuis la fin de la guerre froide, mais il comporte encore un total de 13.000 têtes nucléaires.

> Un traité pour l'abolition de l'arme nucléaire a été adopté par l'ONU en 2017... mais 35 Etats seulement l'ont signé (dont aucune puissance nucléaire ni aucun pays de l'OTAN !). Il n'entrera en vigueur que lorsque 50 Etats l'auront ratifié.

C'est la logique même de l'utilisation de la bombe atomique qui est à repenser, nous dit Albert Jacquard « *puisqu'elle est censée exister dans le seul but de ne pas devoir être employée. C'est ce que l'on appelle savamment la stratégie de la dissuasion* ».

Conclusion à débattre

Un bilan inquiétant, non, pour une industrie qui produit une électricité considérée comme « propre » (parce qu'elle ne dégage que peu de CO_2) et qui pratique encore souvent la politique du secret (avec refus d'enquêter dans certains domaines) voire des déclarations mensongères ?

Enfin, à l'intention de ceux qui ne partagent pas cette inquiétude, je rajoute un argument d'ordre plus pragmatique : pour combattre efficacement le réchauffement climatique, il faut investir dans des énergies compétitives et rapides à mettre en œuvre ; or, le nucléaire est très onéreux et très lent ! De nombreux pays continuent cependant de nos jours de construire de nouvelles centrales nucléaires (Chine, Russie, Iran, Turquie notamment).

D'autres ont décidé de renoncer au nucléaire comme source d'énergie alternative aux énergies fossiles carbonées (Allemagne, Autriche, Espagne, Italie, Suisse, Japon...).

> Le cas de la Belgique est particulier : la décision de principe de renoncer au nucléaire à partir de 2025, votée au parlement dès 2003, n'a pas été suivie d'une prise de décisions concrètes pour préparer cette transition. Ce qui a laissé les investisseurs en énergie dans l'incertitude !

Remarquons, cependant, que le fait d'y renoncer ne supprime pas pour autant les risques engendrés par cette forme d'énergie. D'abord parce que le démantèlement des centrales est un travail long (une vingtaine d'années) et délicat, qui consomme beaucoup d'énergie.

Ensuite parce la responsabilité de gérer l'héritage empoisonné des déchets est laissée aux générations futures !

Terminons par un point positif : l'apport précieux du nucléaire en médecine. L'ingestion de radio-isotopes (tels que le molybdène 99, l'iode 131 d'abord, puis le gallium 68 ou le lutétium 177) est très utile en matière d'imagerie médicale comme de possibilités de diagnostic et de traitement de certains cancers. Avec le double avantage que, contrairement à l'irradiation externe, ces isotopes n'altèrent pas les tissus sains et que leur durée de vie est très courte.

Le marché de cette production (belge notamment) est très prometteur. Je ne pense toutefois pas qu'il y ait là un argument qui justifie le maintien d'une production d'électricité d'origine nucléaire.

Nous avons traité jusqu'à présent de causes d'inquiétudes qui résultent de l'impact de l'Homme sur son environnement naturel.

Deux autres raisons d'être inquiet relèvent de deux tendances contemporaines des sociétés humaines des points de vue de leurs systèmes politiques et économiques : la montée des populismes et la mondialisation néolibérale.

La montée des populismes

> *« Les déstabilisations géopolitiques liées à l'accès aux ressources vitales et au caractère habitable des territoires sont une machine à fabriquer des peurs et des haines et des guerres »*
> Delphine Batho (ex ministre française)

La démocratie, en tant que pouvoir exercé par le peuple par l'intermédiaire de représentants élus est devenue la forme de gouvernance considérée comme idéale. Il est frappant de constater que même les pouvoirs étatiques les plus dictatoriaux sont en quête d'une image « démocratique ». Malheureusement entre l'idéal et la mise en pratique il y a de la marge !

Sa forme la plus aboutie est la démocratie parlementaire à l'occidentale, avec l'organisation régulière d'élections libres et la séparation des pouvoirs législatif, exécutif et judiciaire dans le cadre d'un Etat de droit garanti par une Constitution. Un Etat de droit censé protéger tous les citoyens et auquel ils sont tous soumis.

> Dans le cas de la Belgique c'est explicitement précisé dans l'article 42 de la Constitution ; et, jusque dans les années 1970, ce monopole des élus a été peu contesté.

De nombreux indices témoignent (en Europe plus particulièrement) d'une perte de confiance des citoyens en les mandataires qui sont censés les représenter (ceux qu'ils appellent du terme péjoratif de « *politiciens* ») et, par conséquent un rejet de « la politique » en général : résultats de sondages ; diminution des affiliations aux partis ; augmentation du nombre des abstentions lors des élections ; naissance de mouvements citoyens contestataires (comme, par exemple, les « Gilets jaunes » en France et en Belgique et les « Sardines » en Italie).

Un manque de confiance qui a conduit à une dérive démocratique à laquelle on a donné le nom de « populisme ». Encore faut-il s'entendre sur le sens de ce mot dont le contenu sémantique peut varier et demeure souvent assez flou.

Une définition à préciser

Une référence étymologique ambigüe

En anglais, le mot « people » a un double sens : celui d'un « *peuple* » en tant que somme d'individus qui s'unissent pour construire un ordre au sein duquel les droits de chacun sont garantis ; et celui des « *gens* » auquel cet ordre permet de conserver leur différence et leur individualité. En français, le mot s'est chargé d'une connotation de classe sociale opprimée (« *populaire* »), face à une minorité favorisée par la fortune ou/et la culture.

Il existe deux grands types de populismes : celui de gauche et celui de droite (que par un abus de langage on a tendance à mettre dans le même sac).

Historiquement, pour le politologue belge Vincent De Coorebyter, le populisme a d'abord été « de gauche » parce que fondé sur la dénonciation marxiste de l'oppression et de l'exploitation d'un « peuple » victime d'une minorité sociale privilégiée.

La tendance récente qui fonde mon inquiétude est celle de la montée d'un « populisme de droite » insidieux et contagieux, qui ne se reconnaît pas toujours comme tel et qui, tout en se revendiquant d'elle, porte atteinte aux fondements même de la Démocratie.

Une idéologie populiste

Ce populisme se manifeste par des mouvements qui trahissent l'inquiétude pour leur avenir d'une « majorité silencieuse » de citoyens qui estiment ne pas être entendus par les pouvoirs en place. Et par des leaders qui se présentent comme étant sûrs de savoir ce que veut « le peuple » dont ils seraient les porte-parole.

On y reconnaît les quatre caractéristiques idéologiques mises en exergue par les politologues : la référence au « peuple », l'antiélitisme, l'antiparlementarisme et la démagogie. Il s'y ajoute le plus souvent une dimension essentielle : celle d'un nationalisme identitaire (la diversité n'est pas perçue comme une richesse).

Ce populisme n'est pas une simple pensée binaire : il y a bien un Peuple (paré de toutes les vertus) face à une élite (minoritaire, éloignée et accusée de tous les maux) ; mais ce système de pensée se construit par opposition à un coupable, un bouc émissaire sur lequel il peut rejeter la faute. Il y a « nous », « eux » et « les autres » :

- le « nous » c'est un ensemble de citoyens qui s'inquiètent de tout ce qui menace leurs acquis et non l'ensemble du « peuple homogène et uni » que le populisme prétend incarner ;
- « eux » ce sont ceux qui les gouvernent, les experts qui détiennent le savoir, les organisations internationales qui imposent des contraintes… ;
- et « les autres » ce sont les délinquants, les immigrés, les illégaux, les musulmans… (comme tous ceux, taxés de « gauchistes », qui se font leurs complices en prenant leur défense) qui sont perçus comme une menace pour la sécurité du « nous ».

Ce serait une erreur d'assimiler ce populisme au fascisme (pour lequel le peuple n'est qu'un instrument du pouvoir à contrôler étroitement par la propagande et la répression). Il se réclame en effet de la démocratie ; mais avec une préférence marquée pour le vote populaire en démocratie directe sans processus délibératif préalable et une méfiance à l'égard des institutions judiciaires chargées de défendre l'intérêt général.

Le populisme se nourrit cependant, comme le fascisme, d'une indignation face aux inégalités économiques, avec un sentiment d'abandon de la part d'une gouvernance peu efficace.

> Le mouvement des Gilets jaunes est un bon exemple d'une telle réaction collective à une souffrance individuelle ; ils affirment une présence (pour qu'on ne les oublie pas) tout en ne parvenant pas - ou ne voulant pas ? - à se structurer pour constituer des instances représentatives capables de négocier avec le pouvoir qu'ils contestent.

Les contestations de ceux qui s'estiment des « laissés pour compte » s'expriment selon divers modes en fonction du contexte local historique, social, économique et politique ; « *elles apparaissent comme un miroir où se reflète la crise mondiale générée par les politiques inféodées au néolibéralisme* » (Michel Magny)

Une multiplication de leaders populistes

Il n'y a pas qu'aux Etats-Unis et au Brésil qu'ont émergé des urnes des présidents populistes : Matteo Salvini en Italie, Victor Orban en Hongrie, Modi en Inde ont été portés au pouvoir par des élections démocratiques. En même temps, des partis populistes européens font des scores électoraux en nette progression grâce à des leaders charismatiques (Geert Wilders aux Pays-Bas, Marine Le Pen en France,). Le leader suisse de l'UDC, Christophe Blocher, est très proche de Victor Orban, Marine Le Pen et Matteo Salvini.

Les leaders populistes plaident tous pour la reconquête d'une souveraineté nationale et pour des mécanismes de fermeture protectionnistes. Ils présentent les migrants comme une menace pour l'identité nationale. Ils rejettent les contraintes imposées par des institutions internationales.

> Le climatoscepticisme proclamé par les deux chefs d'un Etat au poids démographique important, Trump et Bolsonaro, relève de cette idéologie. De même que leur attitude totalement irresponsable face à la menace du covid-19 (encore heureux qu'ils aient été désavoués par les responsables de leurs Etats fédérés).

Leur parole est malheureusement de nos jours largement relayée via les réseaux sociaux. Et leur grand atout est la séduction d'un discours qui se nourrit des souffrances, joue sur les peurs et attise les haines. Un discours étayé sur de fausses informations, qui stigmatise des coupables et fait des promesses irréalistes. Les solutions qu'ils proposent sont simplistes, du style des « y-a-qu'à », et généralement porteuses de mesures contraires au respect des droits humains.

Face à ce danger, journalistes et scientifiques s'efforcent en vain de faire valoir la réalité des faits ; les appels à la raison et à la nuance sont interprétés par les leaders populistes comme la preuve d'un refus d'entendre la « voix du peuple » et donc un déni de démocratie !

> *« Une vérité n'est pas entendue parce qu'elle est vraie, mais parce que nous faisons confiance à celui qui l'énonce »*
> Vincent de Coorebyter (philosophe)

La dérive autoritaire des populistes

Autant je peux comprendre l'expression militante de mouvements citoyens qui témoignent d'un réel sentiment d'injustice et d'inquiétude, autant je pense que les leaders qui surfent sur ces revendications en prétendant être la seule et authentique voix du peuple ne méritent aucune indulgence.

Si les premiers sont sincères et expriment contre les élites politiques des critiques souvent justifiées, les seconds manipulent sciemment leur population en ne visant en réalité que leurs propres intérêts.

L'élection est pour eux la seule modalité d'expression de la volonté souveraine du peuple. Tous les moyens leur sont bons pour la quête des voix nécessaires à assurer leur accès au pouvoir ; ils peuvent ensuite, en se réclamant d'une légitimité dont les résultats électoraux sont les garants, décréter des mesures autoritaires qui empiètent sur l'expression de la pluralité des opinions et les droits des minorités. Ils s'accrochent au pouvoir, une fois celui-ci obtenu, par des stratégies électoralistes opportunistes.

Victor Orban, au pouvoir en Hongrie depuis 2010, fonde sa politique sur un nationalisme exacerbé (nostalgique de l'ancien Empire hongrois) et anti- européen. Il proclame des « stops à l'immigration » répétés.
Il a réformé l'audiovisuel public en relais de la « ligne officielle » et fait arrêter des opposants qui s'étaient exprimés sur Facebook. Profitant de la pandémie, il a obtenu du parlement, en mars 2020, le feu vert pour légiférer par ordonnance dans le cadre d'un « état d'urgence de durée indéterminée » ; des pouvoirs illimités qui font de la Hongrie actuelle la seule dictature d'Europe !
Depuis une décennie de ce pouvoir autoritaire, la presse critique est muselée et les productions culturelles sont sous contrôle. Les associations humanitaires sont privées de subventions. Les partis nationalistes récoltent près de 70 % des voix.
Dans ces conditions, l'appartenance de la Hongrie à l'Union européenne est remise en question !

En Turquie, Erdogan multiplie les stratégies frontalières agressives dans un rêve néo- ottoman de retrouver une puissance perdue. Ses ambitions nationalistes s'affirment d'autant plus que l'Europe s'est mise à sa merci en lui confiant la charge de l'accueil du flot de réfugiés syriens. Et lui aussi prend l'épidémie du Covid-19 comme prétexte pour limiter la liberté d'expression de ses concitoyens (en obligeant les réseaux sociaux à se soumettre au contrôle du pouvoir).

Trump a été élu Président des Etats-Unis à l'issue d'une campagne truffée d'affirmations mensongères et biaisée par l'exploitation habile des données personnelles livrées par Facebook dans quelques Etats hésitants dont le vote ne lui était pas acquis.
Il mène depuis une politique contraire aux intérêts des plus défavorisés de son pays, en discréditant les organisations internationales au nom de la défense de ce qu'il prétend être les intérêts des USA (« *America first* »).
Dans sa gestion de la pandémie du début 2020, Trump a donné la priorité à ses préoccupations électoralistes (laissant les mesures impopulaires de confinement à la seule responsabilité des Etats fédérés pendant six semaines ; puis, sentant le vent tourner, apparaissant pendant un mois dans de longues conférences de presse quotidiennes !).

> Poutine procède à une révision constitutionnelle (pour pouvoir rester président jusqu'en 2036) en revendiquant le soutien du peuple… puis se referme dans un pouvoir dictatorial non transparent.

Tout en se prétendant « démocrates », ils représentent une menace d'autant plus grave qu'ils peuvent se réclamer de leur bon score électoral, car bon nombre d'électeurs se laissent prendre à leur discours démagogique manipulateur ; et qu'ils recherchent le soutien des militaires, tout en contribuant par leurs mensonges répétés à saper la confiance dans le savoir des élites intellectuelles.

Face à une recrudescence des populismes, certains font référence à la montée au pouvoir d'Hitler, lui aussi démocratiquement élu en 1933. Les historiens soulignent à juste titre que le contexte est très différent. Je pense comme eux que l'idéologie populiste ne peut être assimilée à celle de l'extrême droite. Il n'empêche que mieux vaut être vigilant…

« Car le ventre est encore fécond
d'où a surgi la bête immonde »
Bertold Brecht

Le diktat du néolibéralisme économique

> *« Le problème du terme néolibéralisme est qu'il mêle un ensemble de choses différentes : le triomphe d'une économie de marché gouvernée par des mécanismes de dérégulation, mais aussi un certain esprit individualiste, une culture généralisée de la compétition et du mérite »*
> Pierre Rosanvallon (historien et sociologue)

Ce sujet d'inquiétude majeur m'apparait comme étant à l'origine de la plupart des autres, en raison des valeurs sur lesquelles se fonde la théorie néolibérale : la croissance comme moteur nécessaire du progrès économique et social, la foi dans les vertus de la libre concurrence, le culte de la rentabilité et du profit à court terme et le respect prioritaire des libertés individuelles.

> Delphine Batho (dans son « *Manifeste pour une écologie intégrale* » 2019) fustige ceux qu'elle appelle les « Destructeurs » face aux « Terriens » qui veulent protéger les conditions d'existence de l'humanité. Ceux qui s'ignorent et pensent, de bonne foi, que l'économie pourra continuer de tourner comme avant (moyennant une croissance plus « verte ») ; mais aussi les « destructeurs conscients », tous les prédateurs qui polluent et détruisent sans vergogne dans le seul but d'un profit à court terme, qu'ils soient chefs d'entreprise, dirigeants politiques… ou terroristes.

La plupart des économistes, comme des politiques qu'ils conseillent de leurs avis autorisés, continuent de se référer aujourd'hui au « *mythe de la croissance* ». Une conviction tout à fait paradoxale, dans le contexte du « *temps d'un monde fini qui commence* » (comme le disait déjà Paul Valéry) !

« Celui qui croit qu'une croissance infinie est compatible avec une planète finie est soit un fou soit un économiste ! »
Kenneth Boulding (économiste)

L'objectif d'une croissance annuelle du PIB de l'ordre de 3 % (telle que la recommande l'Union européenne) signifie, comme nous le rappelait Albert Jacquard, *un doublement tous les 22 ans, soit en moins d'une génération* !

Quant à l'astrophysicien Aurélien Barrau, il dénonce avec raison le fait que nous sommes en train de détruire notre capital de départ : « *la croissance est en fait une « décroissance, sans retour en arrière possible* ».

L'avènement d'une théorie économique

Le marché

Depuis l'économiste anglais du 18e siècle, Adam Smith, la « *loi du marché* » est au cœur de la théorie économique libérale : dans les marchés se rencontrent des acteurs économiques (producteurs et acheteurs) qui, en ne recherchant chacun que leur propre intérêt, aboutissent à un équilibre global optimal pour la collectivité ; à condition que puisse s'exercer une libre concurrence entre un grand nombre d'acteurs.

Il ne s'agit pas d'un fait scientifiquement démontré, mais d'un postulat.

Le retour de l'Etat

Un postulat qui fut remis en question après la crise économique de 1929 (dont le laissez-faire libéral fut considéré comme responsable) et la crise sociale et politique qui a conduit, ensuite, à la montée du totalitarisme et à la guerre40-45.

Au lendemain de la seconde guerre mondiale, la politique économique de reconstruction fut inspirée par les idées de Keynes (économiste anglais de la première moitié du 20e siècle) : estimant que les mécanismes du marché libre ne suffisent pas à réguler l'économie, celui-ci pensait que l'Etat doit jouer un rôle correcteur indispensable par tous les moyens à sa disposition ; notamment la relance de la demande par des dépenses publiques d'infrastructure. Il s'agissait de relancer l'économie par des investissements publics en renouvellement ou création de capital fixe (biens de production) ; le sens du mot étant ici bien différent de celui qui, pour les financiers, désigne un placement d'argent spéculatif !

C'est à Keynes également que nous devons le développement de « *l'Etat-providence* » avec la mise sur pied d'un système de protection sociale.

Remarquons que ce modèle de l'Etat-providence demeure intrinsèquement lié à l'idée de croissance économique, celle-ci étant perçue comme une condition nécessaire pour parvenir au plein emploi et prélever les ressources fiscales nécessaires pour ces investissements. Avec l'espoir de la promesse d'une redistribution équitable des richesses.

Par ailleurs, dans les années 1950, conformément à la théorie marxiste, coexistaient les économies collectivistes planifiées soviétique et chinoise. Elles s'avérèrent décevantes, pour des raisons qu'il n'est pas pertinent d'évoquer ici.

Un renouveau du marché

A partir des années 1970, deux économistes américains vont avoir beaucoup d'audience (au point de recevoir tous les deux le prix Nobel) : Friedman et Hayek. En assimilant libéralismes politique et économique, leur thèse est une vive critique de la théorie keynésienne et plus sévère encore du marxisme : au nom de la défense des libertés individuelles, elle rejette toute intervention de l'Etat dans l'économie et prône la régulation de l'économie par le seul jeu du marché, dans le cadre de la libre-initiative et du libre-échange.

Leur pensée fut une des sources majeures, du renouveau des thèses de l'économie libérale qui s'imposa sous le terme de

« néo-libéralisme ». Le contexte socio-économique y était favorable : les pays occidentaux connaissaient une période de « stagflation » (inflation et chômage simultanés) face à laquelle les politiques keynésiennes de relance s'avérèrent inopérantes. La libéralisation de l'économie chinoise engagée par Deng Xiaoping à partir de 1978 (avec les conseils de M. Friedman !) accéléra le discrédit des modèles keynésien et marxiste ; et, après la chute du bloc soviétique en 1989, le néolibéralisme put aisément s'imposer comme seul modèle économique à l'ensemble de laplanète.

La théorie néolibérale va désormais exercer son emprise sur tout le « système-monde » capitaliste avec la recherche du profit comme motivation première.

- **Par la défense du principe de la libre concurrence**

La compétition entre entreprises privées est supposée stimuler l'innovation et faire baisser les prix. Dans ce climat de compétition permanente, les lois aveugles du marché fondent un « darwinisme social » qui conduit à l'élimination des plus faibles.

Chaque entreprise décide de ses investissements, fait sa publicité et mène un combat difficile dans l'exigence d'une rentabilité à court terme.

Remarquons toutefois que pour être plus compétitives les entreprises cherchent à faire des économies d'échelle… ce qui va, paradoxalement, conduire dans certains secteurs à une concurrence oligopolistique qui réduit la diversité de l'offre !

L'Union Européenne a fait de la concurrence un véritable dogme : pour elle, seule la libre concurrence permet de cumuler créativité et diversité qui fondent les capacités de résilience des économies ; et elle veille au strict respect de ses règles de concurrence dans le but de protéger ses entreprises de la puissance de leurs concurrentes étrangères transnationales.

- **En prônant un libre-échange entre pays**

Le moins d'entraves possible est censé favoriser croissance, emploi et prospérité généralisée. L'OMC (Organisation Mondiale du Commerce) est créée en 1994 dans cet objectif.

Le libre-échange de biens et de services à l'échelle mondiale s'est développé au détriment des populations des pays en développement.

> Des produits alimentaires exportés des pays industrialisés sont venus concurrencer les productions locales.
> Les politiques « d'ajustement structurel » imposées aux pays en développement endettés par le Fonds monétaire international (FMI) ont multiplié leurs cultures d'exportation aux dépens des cultures vivrières.

- **En laissant libre cours aux spéculations boursières**

Celles-ci concernent les actions et les matières premières. Elles rendent possible l'accumulation de capital sans travail productif (*« l'argent qui fait des petits » !*).

> Leur cotation en bourse et les dividendes versés à leurs actionnaires sont devenus la priorité des grandes entreprises.
> Et les fluctuations des prix des matières premières agricoles et minières engendrent une incertitude préjudiciable au développement des pays du sud exportateurs.

- **En légitimant, d'une façon plus générale, une dérégulation de l'économie**

Le rôle de l'Etat est considéré comme devant être réduit au minimum dans le cadre de strictes contraintes budgétaires. La tendance est aux dénationalisations des entreprises et à la privatisation des services publics.

> A l'échelle européenne, le Traité de Maastricht (instaurant un marché unique en 1992) va fixer des impératifs dogmatiques imposés à tous les Etats membres : ne pas dépasser un déficit budgétaire de 3 % et limiter la dette à 60 % du PIB.

C'est le début d'une politique européenne d'austérité qui oblige à réduire tous les investissements dans les services publics (y compris dans des domaines aussi essentiels que la santé, la justice et l'enseignement !). On sait combien la Grèce, puis l'Italie vont en pâtir par la suite.

L'impact des politiques d'austérité sur les soins de santé en Belgique a été particulièrement mis en évidence lors de la pandémie du Covod-19 en 2020.

- **Par la réduction des coûts de production en vue d'un profit maximum**

Elle est possible par des économies d'échelle (qui poussent les entreprises à grandir par des acquisitions), par le passage à un système d'échanges à flux tendus (qui permet d'éviter les coûts du stockage et d'une surproduction), et par des délocalisations (à la recherche d'une main-d'œuvre bon marché). Comme aussi par une informatisation croissante (qui permet des restructurations de personnel).

Une nouvelle mondialisation

> *« L'unification techno-économique du globe a créé en même temps qu'une interdépendance généralisée, une communauté de destins sans solidarité »*
> Edgard Morin (sociologue)

Depuis la fin du XXe siècle, le concept de « mondialisation » s'est aujourd'hui imposé, dans le cadre d'une intensification sans précédent dans l'histoire, des échanges intra-planétaires (des biens, des énergies, des services, des finances et des hommes).

L'origine de la mondialisation

Pendant très longtemps l'humanité s'est diffusée dans l'espace terrestre en se fragmentant en des sociétés relativement isolées les unes des autres. Les « grandes découvertes » maritimes des puissances européennes du XVe siècle vont marquer une rupture par la rencontre de diverses civilisations et le départ d'une politique européenne de colonisation qu'elle a générée.

Des sociétés diverses ancrées dans un territoire à défendre vont se confronter les unes aux autres. Des relations vont se nouer et des liens d'interdépendance et de domination se développer. Mais on reste encore dans le domaine de « l'international » pas du « mondial ».

Le mot « *mondialisation* » (« *globalisation* » en anglais) apparaît au début des années 1990, avec la prise de conscience que l'histoire entrait dans une nouvelle phase : celle d'une unification possible de la planète.

> Avec l'effondrement de l'URSS s'en était fini de l'affrontement de deux blocs Ouest-Est ; les pays « émergents » offraient de nouveaux marchés (Corée du Sud, Indonésie, Taiwan puis Chine, Inde et Brésil).
> Et le web venait de créer un réseau d'ordinateurs connectés !

La croissance démographique avait multiplié les possibilités d'interactions entre les hommes. Mais, surtout, deux progrès techniques majeurs avaient profondément modifié nos rapports à l'espace et au temps.

Le premier est celui des innovations dans les moyens de transport ; et, plus particulièrement du développement du transport aérien.

> Remarquons que l'amélioration des moyens de locomotion aurait pu simplement réduire les temps de déplacement (notamment entre domicile et lieu de travail) ; elle a plutôt conduit à une augmentation des distances parcourues !

Le second est la révolution des communications induite par l'informatique.

> En permettant d'échapper aux contraintes temporelles et spatiales, elles vont développer progressivement une culture de l'immédiateté et concrétiser le rêve d'ubiquité !

Nous vivons aujourd'hui dans une société en réseaux où la logique des flux évince progressivement celle du territoire. Le Monde peut désormais être globalement envisagé comme un « système » (c'est-à-dire « *un ensemble organisé d'éléments en interaction dynamique* ») ; un changement d'échelle fondamental !

Ses conséquences

Ce phénomène contemporain majeur n'est pas un mal en soi. Il peut même contribuer à une meilleure compréhension et entente entre les peuples ; on pourrait aussi en attendre l'émergence progressive d'une conscience planétaire (dont nous parlerons dans le second volume).

Mais, dans le contexte d'un néolibéralisme peu régulé, la généralisation de cette mondialisation a des conséquences qui peuvent être très graves.

- En favorisant la diffusion de la Civilisation Occidentale, elle a façonné une certaine homogénéité des espaces urbains à travers le monde et provoqué des pertes de diversité culturelle pouvant aller jusqu'à un véritable ethnocide.

- Elle a généré une division du travail, bien soulignée par les géographes, entre des « centres » moteurs dominants et des « périphéries » exploitées d'une grande vulnérabilité (avec de graves inégalités sociales et des dégâts environnementaux).

  L'activité économique et financière mondiale s'est concentrée autour de quelques pôles de mégalopoles urbaines (Côte est des USA, Europe de l'Ouest, Japon et, plus récemment, Chine du S-E et Corée du Sud)
  Chacun de ces centres a sa ou ses périphéries, plus ou moins lointaines, qui sont des espaces fournisseurs de matières premières, d'énergie, de produits agricoles et industriels et de travailleurs.

- Une dépendance à l'égard de pays parfois très lointains pour des biens de première nécessité rend les économies nationales très vulnérables (la pandémie du coronavirus l'a bien mis en évidence en 2020).

- L'accentuation des trafics de marchandises à travers le monde génère un dégagement supplémentaire de GES très loin d'être négligeable !

- Elle a avivé une compétition entre Etats concurrents ; avec des replis nationalistes en contradiction avec l'élaboration d'une action concertée sur un objectif commun tel que le climat.

- Le poids de la Finance est devenu beaucoup trop dominant dans l'économie mondiale. L'Américaine Susan George dénonce depuis longtemps qu'au lieu d'être un outil au service de l'économie, la finance gouverne l'économie : « *Dans ce monde globalisé, c'est surtout au profit de la finance que les frontières sont tombées... alors que des murs s'élèvent toujours plus nombreux, face aux migrants !* (« *Leurs crises, nos solutions* », 2010) ».

  Il semble qu'on n'ait pas tiré les leçons de la crise mondiale de 2008 ; la régulation de la finance demeure encore aujourd'hui une nécessité impérieuse (qui passe notamment par une distinction plus nette entre banques de dépôt et banques d'affaire).

> Les investissements de capitaux entravent souvent les efforts consentis par ailleurs pour une transition écologique. Au Forum économique mondial de Davos sont représentées de nombreuses banques ; selon Greenpeace une dizaine d'entre elles ont financé le secteur des énergies fossiles de 2016 à 2018 (pour un montant de 1000 milliards de dollars). Plusieurs fonds de pension et assureurs ont fait de même.

- Le grand développement des trafics illégaux (tels que celui des armes, des drogues, des contrefaçons, des capitaux, des êtres humains et des animaux) est peut-être la face la plus sombre de la mondialisation.

Face aux effets pervers de cette mondialisation, nombreux sont ceux qui prônent une « *altermondialisation* » : une interdépendance qui soit génératrice « *de solidarité, de protection de la planète et de la communauté de destin humaine* » (Edgar Morin)

Certains Etats, au contraire, comme nous l'avons vu, se replient dans la tentation du protectionnisme. Des frontières se referment ; des murs s'érigent pour empêcher les gens d'entrer. La politique prônée par l'actuel président des Etats-Unis en est le meilleur exemple.

Une société de consommation inégalitaire

> « *La question du réchauffement climatique nous interroge directement sur nos modes de vie, ou pour être plus précis, sur le modèle de développement économique et technologique issu de la modernité et du capitalisme, accéléré depuis quelques décennies par le néolibéralisme* »
> Michel Magny

Un système économique dont le moteur est la croissance repose sur deux leviers : la publicité, capable de nourrir nos rêves et de créer du désir quand il n'y a pas de vrai besoin ; et l'obsolescence programmée, véritable stratégie de la croissance.
Deux leviers qui ont généré la société de consommation si caractéristique du monde occidental d'aujourd'hui.

L'obsolescence programmée : encore présente ?

On a l'habitude de dire que l'avènement de la société de consommation remonte à l'après-guerre 40-45. Le phénomène était pourtant déjà en germe dans l'entre-deux guerres : en réponse à la crise des années 30, l'idée s'est répandue *qu'un produit qui ne s'use pas est une tragédie pour les affaires*!

Les premières ampoules à incandescence furent conçues pour être de longue durée ; jusqu'à ce qu'un cartel de producteurs décident

> d'en limiter, volontairement, la durée de vie à 1000 heures. Ce fut ensuite le tour des bas- nylon qui, de résistants, sont devenus filants !

Mais c'est effectivement après la seconde guerre mondiale, que tout va être fait pour inciter les populations à des achats fréquents répétés : un renouvellement régulier des modèles proposés soumettant le consommateur aux impératifs de la mode ; une publicité de plus en plus séduisante ; des facilités de crédits ; des appareils conçus pour être usés une fois qu'on a fini de les payer ; des réparations plus coûteuses qu'un remplacement ; des objets jetables (tels que les bics, les rasoirs et les sacs en plastique).

Pour alimenter la croissance, l'obsolescence programmée est restée une stratégie utilisée jusqu'à nos jours. Elle est désormais définie juridiquement comme étant « *l'ensemble des techniques par lesquelles un metteur sur le marché vise à réduire délibérément la durée de vie d'un produit pour en augmenter le taux de remplacement* ».

> Il a fallu du temps pour que soit détectée la petite puce insérée dans les imprimantes pour qu'elles cessent de fonctionner après un nombre limité de pages !

Lorsqu'elle répond à cette définition, elle est aujourd'hui condamnée pénalement. Mais elle peut prendre deux autres formes : rendre la réparation d'un objet compliquée, voire impossible, faute de pièces de rechange ; et le déclassement d'un objet encore en bon état par un autre plus performant, ou simplement plus esthétique !

> Il a fallu un procès (en 2003) pour mettre fin à la stratégie initiale de Apple lors du lancement de ses premiers i-phones (à remplacer une fois la batterie épuisée, comme par hasard juste après la fin de la garantie !) ; la multinationale n'en continue pas moins à tenter régulièrement le consommateur par des changements de design, plus séduisants que réellement fonctionnels !

Des inégalités choquantes et persistantes

Dans un monde de plus en plus privatisé, se développe une « culture du mérite » où chacun est livré à lui-même. Les milliardaires se multiplient (et les précisions chiffrées de leur fortune suscitent même une certaine fascination). Une extrême pauvreté subsiste, d'autant plus inacceptable qu'elle côtoie le luxe !

Pour la première fois depuis longtemps, le nombre de personnes dans le monde qui ont faim ou sont dans un état de malnutrition augmente à nouveau. Face aux conséquences du changement climatique, certains Etats sont beaucoup plus démunis que d'autres.

Contrairement au postulat qu'une production toujours croissante fera le bonheur de l'humanité toutes classes sociales confondues, la croissance économique néolibérale ne bénéficie pas également à tous !

> Le dernier rapport de Philip Alston (l'ancien rapporteur spécial des Nations Unies pour l'extrême pauvreté, auquel le Belge Olivier De Schutter vient de succéder), conteste le mythe d'une réduction de la pauvreté mondiale par la croissance économique ; en soulignant le caractère beaucoup trop bas du « seuil de pauvreté » retenu par la Banque mondiale et en insistant sur le rôle central que doit jouer l'Etat via des politiques de redistribution des revenus.
>
> Les inégalités (évaluées par l'indice composite de Géni) repartent à la hausse dans certains Etats (Guinée-Bissau, Madagascar, Yémen, Espagne, Roumanie, Hongrie…) ; et la faim réaugmente dans certains pays du Sud depuis quelques années.

Le XXe siècle a pourtant été positivement marqué par une forte réduction des inégalités sociales dans le monde occidental ; avec à l'après-guerre le développement des systèmes de sécurité sociale (sauf aux Etats-Unis !). Et les Etats marxistes ont mené de leur côté des politiques sociales efficaces en termes d'éducation et de santé.

Mais en même temps le fossé s'est creusé entre ces populations plus aisées et celles des pays que l'on appelait le « *Tiers Monde* » : un troisième monde, exploité par les deux autres dans le cadre d'une domination de type colonial.

Au XXIe siècle, le phénomène le plus marquant est le développement des « classes moyennes » (dont le niveau de vie et donc le pouvoir de consommation augmentent aussi bien dans les pays dits « riches » que dans les pays dits « en développement »). Mais le « développement » des pays de l'ancien *tiers-monde* ne profite trop souvent qu'à une minorité de privilégiés détenteurs du pouvoir.

Les inégalités sociales ont de graves impacts sur l'accès aux ressources vitales, la santé, la mobilité et les conditions de travail d'une grande part de la population mondiale. Le mode de vie occidental dont la publicité promeut le modèle dans le monde entier est trop souvent fondé sur un honteux gaspillage des ressources très choquant pour les habitants des pays pauvres (qui s'évertuent, eux, à récolter nos déchets et réparer ce qui peut l'être).

Par ailleurs, les disparités de niveau de vie provoquent une croissance de la consommation par le phénomène étudié par les sociologues d'une « consommation ostentatoire » : consommer est devenu un symbole d'ascension sociale.

Au sein de cette mondialisation néolibérale, les grandes entreprises transnationales jouent un rôle essentiel dont nous allons à présent souligner l'importance.

...Et la montée en puissance des firmes transnationales

> *« Face à l'extension de la sphère marchande les Etats ne sont plus que des ordonnateurs d'un monde néo-mercantile »*
> Jean-Marc Ferry (philosophe)

Dans la cadre de l'emprise totale du néolibéralisme, le caractère national des économies tend de plus en plus à s'effacer. La mondialisation a en effet permis l'essor d'entreprises géantes dont l'objectif est de produire ce qu'elles veulent, où elles veulent et de parvenir à vendre leurs biens et services dans le monde entier pour un maximum de profit.

On les dénomme généralement « multinationales ». Il vaut mieux les appeler « *transnationales* » : elles se jouent en effet des frontières, avec des stratégies rendues possibles grâce à des transports moins coûteux et plus rapides ainsi que la facilité des communications à distance, qui visent à avoir un accès direct aux matières premières, à trouver des coûts de travail moins élevés et à accéder à des débouchés extérieurs toujours plus larges. La plupart n'ont plus d'enracinement national déterminant.

Elles se caractérisent en effet par des implantations de nombreuses filiales dispersées dans le monde en vue d'une optimisation fiscale et vers des espaces à bas salaires et faible couverture sociale, comme aussi sans trop de contraintes législatives environnementales. Tous les moyens leur sont bons pour maximiser leurs bénéfices au nom de la défense des intérêts de leurs actionnaires investisseurs

Au cœur de la mondialisation, le pouvoir de quelques-unes, devenues géantes par diverses annexions, est hyper dominant. Par leur tendance à l'oligopole, elles faussent le jeu de la libre concurrence prônée par le néo-libéralisme !

Une puissance commerciale

L'exemple des entreprises géantes du numérique

Les entreprises les plus riches du monde sont celles qui, grâce à la maîtrise des technologies numériques de pointe, vivent de la commercialisation de données monétisées (les fameuses « data »).

> En Occident, on les dénomme les GAFAM : Google, Amazon, Facebook, Apple, Microsoft. Elles sont toutes nées aux USA, en Californie plus précisément (dans la « Silicon Valley » cette pépinière de start up innovantes à la fin du XXe siècle).
>
> En Asie, les plus connues sont Samsung née en Corée du sud et les Chinoises Huawei et Alibaba.
> La montée en puissance récente de l'entreprise chinoise Huawei est impressionnante : avec un chiffre d'affaires de plus de 100 milliards d'euros, elle occupe aujourd'hui 200.000 employés et est devenue un concurrent redoutable face aux acteurs européens en matière de téléphonie mobile. Il est vrai qu'elle a bénéficié, depuis ses débuts, du soutien massif de l'Etat chinois notamment via des prêts bancaires très avantageux.

Chacune de ces marques rivalise en technologies de plus en plus performantes et mènent une stratégie publicitaire offensive et très élaborée. En jouant sur une image de modernité (très séduisante) et d'entreprise « verte » (bien trompeuse !).

Dans le secteur des téléphones portables, en plein essor au XXIe siècle, une enquête de France 2 (« *Les secrets inavouables de nos téléphones », Cash investigation,* 2014) a révélé que les grandes marques bien connues des consommateurs du monde entier (telles que Nokia, Samsung, Apple...) ne contrôlent pas leurs nombreux sous-traitants (qu'elles en soient incapables ou qu'elles choisissent de fermer les yeux !).

Ces petits bijoux, devenus indispensables, que sont nos smartphones sont le fruit (nous l'avons vu) d'une extraction polluante de matières premières : mais aussi de l'exploitation illégale scandaleuse de travailleurs des pays du Sud (y compris des enfants). Le très faible coût de cette main-d'œuvre permet aux entreprises de les mettre en vente avec une marge bénéficiaire considérable.

Ce documentaire témoigne également d'un manque total de transparence : les représentants des multinationales concernées n'hésitent pas à nier les faits qu'on leur présente, preuves à l'appui (photos, documents) ; et leurs dirigeants refusent systématiquement les interviews demandées par les journalistes…

Dans le secteur du commerce en ligne, le cas d'Amazon est particulièrement représentatif d'une exploitation des opportunités commerciales du numérique dans une économie mondialisée.

Cette entreprise créée en 1994 par Jef Bezos (dont il se dit qu'il est aujourd'hui « *l'homme le plus riche du monde* ») a connu une montée en puissance fulgurante au départ de l'idée d'une vente de livres en ligne. Elle est devenue une firme monopolistique géante, livrant des colis dans les cinq continents (au rythme de 160/sec !) grâce au travail de 560.000 employés (dont beaucoup sont exploités, tels des robots, dans des conditions de travail inhumaines) et à l'utilisation, pour ses livraisons, de la logistique des infrastructures existantes (à l'entretien desquelles elle ne participe pas !).

La stratégie qui explique ce succès mondial est fondée sur le slogan « vendre tout, tout de suite, partout » en acceptant de vendre à perte (avec une livraison gratuite) pour conquérir des marchés. Ce que Amazon peut se permettre parce que, en réalité, sa source essentielle de profit n'est pas la vente en ligne, mais bien le stockage et l'utilisation des données de ses clients dans le « cloud » (soit 120 « *data centers* » discrets).

La sociologue belge, Isabelle Ferreras, rapporte qu'en juin 2019, 8.000 travailleurs d'Amazon aux USA ont demandé à l'Assemblée générale des actionnaires de tenir compte des recommandations du GIEC pour y conformer la stratégie de l'entreprise ; Jef Bezos a trouvé que ce n'était pas une priorité…

Comme le dit un film documentaire récent (« *L'irrésistible ascension d'Amazon* », ARTE, 2018), la firme met tout en œuvre pour ferrer le client en créant un univers mental générant « *la confusion entre générosité, complicité et confort*».

L'exemple des entreprises agro-alimentaires

Les entreprises transnationales de ce secteur jouent un rôle encore plus essentiel puisqu'il s'agit de nourrir la population mondiale !

Une poignée de firmes (Nestlé, Danone, Kellogg's, Unilever, Coca-Cola, Pepsi,...) détient la plupart des marques de produits alimentaires transformés que nous trouvons dans nos supermarchés.

Quelques autres ont monopolisé l'industrie du « fast food » (Mc Donald, Burger King...) dont les hamburgers se sont diffusés dans le monde entier, avec des conséquences environnementales et sanitaires néfastes.

> Burger King, qui surfe à présent sur la vague « vegan », s'est vu interdire sa campagne de promotion pour publicité mensongère au Royaume-Uni (en avril 2020).

Ce mode d'alimentation mondialisé, bourré d'additifs chimiques (colorants, édulcorants et conservateurs) et beaucoup trop riche en sucre, s'avère aujourd'hui avoir de graves conséquences sanitaires (obésité, diabète, allergies, appauvrissement du microbiote), plus particulièrement pour les populations les plus pauvres, parce son coût est moindre que celui du frais.

La filière chinoise récente de la tomate est exemplative d'une production à tendance monopolistique mondialisée.

> Des tomates génétiquement modifiées (rondes et dures) sont produites dans la région du Sin-Kiang (récoltées à la main par des travailleurs saisonniers sous-payés de la minorité ouïgour). Elles sont converties dans des usines chinoises en une sauce concentrée exportée dans le monde entier (dans le but d'un plus grand bénéfice, des additifs moins chers sont ajoutés à la tomate, dont de la fibre de soja épaississante). C'est aujourd'hui ce concentré chinois

reconditionné qui alimente les grandes marques américaines (Heinz notamment) et italiennes !

Quant à l'industrie moderne de la viande, elle participe largement à la destruction de la forêt, notamment au Brésil et en Argentine, où quelques entreprises géantes s'approprient des terres pour y produire des céréales destinées à l'alimentation du bétail nord-américain et européen… alors que les populations locales ont souvent du mal à satisfaire leurs besoins alimentaires et subissent, en outre, les conséquences sanitaires d'un usage généralisé de pesticides !

J'ai déjà évoqué l'industrie des sodas (dans le chapitre sur l'eau). Je traiterai plus loin du cas particulièrement exemplatif de Monsanto.

Une puissance financière

Une capacité de défier les Etats

Dans un classement effectué par la CNUCED (Conférence des Nations Unies sur le Commerce et le Développement) en 2000, sur les cent entités économiques les plus importantes du monde du point de vue de la « valeur ajoutée » (Etats et entreprises confondues) figuraient une trentaine de grandes firmes transnationales (la compagnie pétrolière américaine Exon mobile étant à la première place d'entre elles).

Une étude plus récente publiée par une ONG britannique « Global Justice Now » en 2016, conclut que parmi les 100 premières entités économiques mondiales, 69 sont désormais des multinationales ; et que « *les 10 plus grosses d'entre elles pèsent financièrement davantage que 180 Etats* ». Cependant, ces affirmations reposent sur une comparaison peu rigoureuse entre chiffres d'affaires des entreprises et PIB des Etats.

Quant aux bénéfices, signalons qu'en 2017, le record allait à Apple puis à British American Tobacco ; et que parmi les 10 entreprises faisant le plus de profit dans le monde, 4 étaient des banques chinoises.

Si la puissance financière des transnationales est loin de rivaliser avec celle des Etats les plus riches (USA, Japon…), il n'en reste pas moins vrai que plusieurs d'entre elles disposent de ressources financières sans aucune commune mesure avec celles de nombreux Etats du Sud.

Ce qui leur permet de dépenser des sommes colossales en lobbying pour tenter d'imposer leurs normes et d'infléchir les réglementations des Etats à leur égard !

Un club de milliardaires

Quant à leurs dirigeants, ils font partie de la toute petite fraction de la population mondiale qui domine aujourd'hui l'économie mondiale par l'emploi d'une fortune dont nous avons du mal à concevoir l'énormité.

> En 2020, la richesse de Jef Bezos était évaluée à 147 milliards de dollars ; et celle de Bill Gates (patron de Microsoft) à 107 milliards… des chiffres qui échappent à l'entendement !
>
> Vandana Shiva, cette célèbre physicienne et philosophe indienne (détentrice du prix Nobel alternatif en 1993, militante écologique et féministe), a choisi pour titre de son dernier livre (publié en 2019) : *« 1 % Reprendre le pouvoir face à la toute- puissance des riches ».* Elle s'en prend à ce qu'elle appelle « le club des milliardaires » (plus particulièrement Bill Gates et Marc Zuckerberg) en dénonçant l'impact destructeur du modèle de développement économique poursuivi par les multinationales qu'ils ont créées.

Ils se donnent une image philanthropique par la création de « fondations » : par exemple le « *Fond Bezos pour la Terre* » (alors que son entreprise est l'une des plus polluantes du monde en GES) ; ou la « *Fondation de Bill et Mélinda Gates* » (dont les « générosités » distribuées dans le monde entier sont compensées par un évitement fiscal égal ou supérieur à ce qu'elle donne !)

> Bill Gates, dont l'image pour le grand public est celle du « *plus grand mécène du monde* », ne combat pas les causes de la pauvreté qu'il prétend combattre tout en investissant dans des

« solutions techniques » qui, en réalité, sont pour lui sources de profit (par exemple les vaccins pour les populations du Sud, produits par des firmes dont il est actionnaire, au lieu de mesures pour l'amélioration de la qualité de l'eau potable et de l'hygiène).

Un autre aspect problématique est la dépendance de l'OMS aux apports financiers de la Fondation Gates (devenue d'autant plus grande que Trump a décidé de geler les contributions des USA dans le contexte de l'épidémie du Covid-19). Ce qui donne à Bill Gates le moyen d'influencer les décisions de l'organisation dans le sens de ses intérêts.

Une stratégie dictée par le profit

- Dans le choix des investissements

Ces firmes ont la possibilité de procéder à de grosses dépenses d'investissement, ce qu'elles font dans les secteurs qu'elles pensent les plus rentables à court terme.

Le secteur le plus courtisé par les GAFAM, par exemple, est aujourd'hui celui de la santé ; ce sont elles qui, en finançant les meilleurs chercheurs des grands laboratoires pharmaceutiques, détiennent l'essentiel du potentiel d'innovation en matière de vaccin et de traitement.
Il en est de même pour les géantes des technologies de pointe en Chine.

Une ONG a dénoncé récemment la « financiarisation » des grands groupes pharmaceutiques qui accordent la priorité à la rémunération de leurs actionnaires plutôt qu'à des investissements en recherche et développement : de « producteurs de médicaments » ils deviennent des « sociétés d'investissement » plus soucieuses d'acquérir des brevets et de fortifier leurs monopoles que de produire des médicaments efficaces et bon marché !

GSK, le numéro 1 mondial des vaccins (dont le siège principal est en Belgique) a hésité à s'engager dans la recherche d'un vaccin contre le Covid-19 par crainte d'un retour sur investissement insuffisant (après l'échec relatif du vaccin contre le virus Ebola).

En tant qu'investisseurs potentiels disposant d'un énorme capital, elles pourraient très utilement combler le manque de capacités financières de la plupart des Etats dans une vision d'intérêt collectif à long terme. Ce n'est malheureusement que rarement le cas.

- Dans leurs façons d'éluder l'impôt

Des stratégies fiscales habiles et complexes, via des délocalisations et des « sociétés écran » dans des paradis fiscaux, permettent à la plupart des firmes transnationales de payer très peu d'impôts en exploitant les failles des systèmes juridiques nationaux et internationaux.

Ce qui leur permet d'énormes dépenses en marketing et publicité ; comme de rester dans l'illégalité : les amendes qu'on leur inflige (pour des dégâts environnementaux ou le non-respect des règles de concurrence par exemple) n'ont pas l'effet dissuasif espéré, car elles préfèrent les payer plutôt que de changer de comportement !

Un moyen de financer des recherches biaisées

Je n'évoquerai ici qu'un seul exemple.

L'entreprise Coca-Cola a été mise en cause à la fin des années 2000 dans le problème mondial de l'obésité et du diabète. Est-il besoin de rappeler qu'une canette de coca contient l'équivalent de 10 morceaux de sucre et que la consommation de celle-ci peut devenir addictive comme celle d'une drogue ?

> Accusée en justice de publicité mensongère par un pasteur des USA, la firme a contesté la nocivité de la boisson pour la santé (arguant du fait que « *obésité et diabète sont des problèmes multifactoriels* »). Et elle a réussi à éviter l'imposition de logos informatifs dénonçant ses effets nocifs pour la santé.

Sa réaction fut ensuite d'engager des millions dans un vaste programme « scientifique » dont l'objectif était de détourner l'attention du rôle de la consommation de sucre en mettant l'accent sur le manque d'activité physique (« C*ontre l'obésité, bougez plus* »).

> A la fin de l'été 2015, le New York Times a publié un article dévoilant la coordination et le financement par Coca-Cola d'un réseau mondial relatif à la « *balance énergétique* » réunissant les contributions de scientifiques influents (via des articles, conférences et réseaux sociaux).
> La firme ayant été contrainte de rendre publique la liste des experts et multiples organisations professionnelles de la santé ayant bénéficié de ses largesses, il s'est avéré que, contrairement à ses affirmations de transparence, les informations fournies par la firme étaient en partie erronées et, surtout, très incomplètes (voir l'article du journal Le Monde du 10 mai 2019) ; avec de multiples conflits d'intérêt.
> Il n'empêche : le mal était fait… de tous côtés le nouveau message en vogue (y compris dans l'enseignement universitaire) était devenu « *faites plus d'exercices sans trop vous préoccuper de réduire vos apports en calories* » !

Il faut savoir que l'industrie des sodas est une des plus rentables du monde ; et que, comme l'industrie du tabac, elle n'hésite pas à employer toutes les méthodes possibles pour contrer ce qui la menace.

Une puissance juridique

Une stratégie du doute efficace

Dans les débats soulevés par les pollutions, ces firmes pratiquent systématiquement une stratégie du déni, puis du doute. Il faut savoir qu'elles ont recours à une armée d'avocats bien rémunérés qui se battent à travers le monde pour leur assurer l'impunité.

Chacun sait aujourd'hui que c'est grâce à cette stratégie que les firmes américaines de cigarettes ont réussi à postposer, pendant près de 60 ans, les mesures législatives relatives au grave danger du tabac qui sont enfin en vigueur aujourd'hui !

Un exemple moins connu : celui de Chevron, associée à Texaco pour l'exploitation du pétrole en forêt amazonienne.

Suite à la pollution des eaux générée par l'utilisation de substances chimiques utilisées pour l'extraction du pétrole, un Front de défense de l'Amazonie a fédéré en 1994 une vingtaine d'organisations locales (d'indigènes et de colons).
La firme s'est battue pour ne pas être jugée à New York par la Cour interaméricaine des Droits de l'Homme. En 2011, elle fut cependant condamnée par une Cour équatorienne à verser des indemnisations aux victimes pour un montant de 19 milliards de dollars. Elle s'est alors attelée à jeter le discrédit sur la justice et le gouvernement équatoriens (traité de « gauchiste »), tout en finançant des campagnes médiatiques pour nier les faits qui lui étaient reprochés ; puis, en portant plainte contre l'Etat équatorien devant un Tribunal d'arbitrage privé, elle a fini par obtenir 112 millions de dollars d'indemnisation !

Des tribunaux d'arbitrage privés

Non contentes de s'approprier l'essentiel des ressources agricoles et industrielles mondiales par une pratique de libre-échange garantie par des traités bilatéraux, les transnationales prétendent avoir le droit de contester devant des « tribunaux d'arbitrage privés » toute décision légale d'un Etat leur imposant des contraintes environnementales ou sociales !

Cette possibilité leur est offerte par l'existence de « clauses d'investissement » dans les traités commerciaux. Prévues à l'origine pour protéger les investisseurs étrangers contre le risque d'expropriation, la portée de ces clauses s'est élargie. Elles donnent le droit aux entreprises qui s'estiment lésées par la décision d'un Etat de revendiquer des dédommagements financiers. Une menace dissuasive pour les gouvernements qui sont tentés d'anticiper une décision possible en leur défaveur !

Ce peut être, par exemple, le refus des conditions imposées à l'octroi d'un permis, la décision d'inclure un site minier dans un nouveau parc naturel, l'injonction de fermeture donnée à une installation polluante.
Si les tentatives de médiation ont échoué, le litige est réglé entre avocats d'affaires (grassement payés !). Le procès peut durer des années. Il arrive que l'entreprise plaignante soit déboutée ; mais dans le cas contraire ce tribunal privé fixe le montant du

dédommagement auquel elle a droit (qui est souvent exorbitant : des milliards de dollars ou d'euros !).
Le secret est la clé de voûte du système : les négociations ne sont pas rendues publiques.

Une puissance politique

Les gouvernements sont généralement tiraillés entre leur volonté d'attirer les transnationales (sources d'emplois et de rentrées financières) et la pression contestatrice d'une partie de leurs opinions publiques.

Les plus grandes de ces firmes offrent des centaines de milliers d'emplois de par le monde. C'est un atout prioritaire aux yeux des dirigeants politiques (qui explique, par exemple, l'implantation récente, à Liège, d'Alibaba, la firme chinoise concurrente d'Amazon).

Le chantage à l'emploi est une pratique courante. Il arrive souvent que par crainte d'une délocalisation les pouvoirs publics hésitent à leur imposer des contraintes environnementales, sociales, et fiscales trop exigeantes.

Les Etats ont perdu la main sur ces puissantes entreprises transnationales ; il y a même souvent connivence entre élites politiques et économiques ce qui engendre des conflits d'intérêts !

Il arrive que des responsables politiques élus soient issus du monde des affaires (par exemple un président du Mexique ex directeur de Coca-Cola ; et Trump lui-même, bien sûr !)

Les quatre patrons des GAFA ont été accusés d'abus de pouvoir par le Congrès des USA fin juillet 2020 ; pour leur défense, ils ont mis en valeur avec succès leur mérite de « self made men ».

Le scandale Monsanto

S'il fallait épingler une firme transnationale, c'est bien celle-là : cette société qui occupe près de 20.000 salariés, cumule en effet tous les caractères reprochés à ces géantes qui dominent aujourd'hui le monde économique et financier.

Une enquête remarquable à son sujet a été menée par la journaliste Marie-Monique Robin, publiée dans un livre (« *Le monde selon Monsanto* », 2008) ; suivi d'un documentaire diffusé par ARTE (« *Le roundup face à ses juges* », 2017).

Une tendance à l'oligopole

Cette firme agro-industrielle nord-américaine a la volonté de monopoliser le marché le plus vital de tous : celui de la nourriture du monde ! Cette dominance mondiale du géant Monsanto résulte d'une stratégie réfléchie en biotechnologie.

La vente de semences représente l'essentiel de son activité commerciale. Des semences hybrides d'abord, avec une clause dans le contrat qui interdit aux agriculteurs d'utiliser une part de leur récolte pour replanter la saison suivante. Elle est aussi devenue leader sur le marché mondial de semences génétiquement modifiées (de maïs, blé, soja, colza, coton…) génératrice de hauts rendements ; mais ces dernières sont stériles. Les clients de Monsanto sont donc obligés de lui racheter chaque année de nouvelles semences. Elle crée ainsi leur dépendance.

Parallèlement, elle a déposé des milliers de brevets, pour ses créations OGM comme sur des espèces alimentaires de base cultivées depuis longtemps (par exemple une variété indienne de blé).

Elle fabrique par ailleurs de puissants herbicides ; le plus connu de nos jours est celui commercialisé sous le nom de « *Roundup* », capable de détruire tous les végétaux… sauf, bien sûr, les OGM qu'elle produit !

> Mis sur le marché en 1974, cet herbicide est rapidement devenu le plus vendu au monde. Pulvérisé dans les champs des monocultures industrielles (au sol ou par avion) ; et aussi apprécié des particuliers, confiants dans la réputation de non toxicité affirmée par la firme.

Il a été question en 2016 d'un rachat de Monsanto par le groupe allemand pharmaceutique et agro-chimique Bayer ; la Commission européenne a dû se prononcer sur ce projet de fusion en référence à ses exigences libérales de libre concurrence. Elle l'a accepté… ce géant détient aujourd'hui 1/4 du marché mondial des pesticides et près du 1/3 de celui des semences !

Un grave impact sanitaire et environnemental

M-M Robin estime que Monsanto peut être considéré comme un des plus grands pollueurs de l'histoire industrielle ! Le moins que l'on puisse dire est que cette entreprise chimique créée aux USA en 1901 a un « passé sulfureux » :

> Cela commença avec les PCB, ces liquides réfrigérants et lubrifiants qui ont été interdits après constat de contamination massive dévastatrice pour la santé humaine et la chaine alimentaire (dont Monsanto a caché les effets dangereux pendant des décennies).
>
> Puis il y eut la dioxine, une substance hautement toxique produite par la fabrication d'un herbicide de la firme (c'est elle la responsable de la terrible catastrophe italienne de sinistre mémoire, à Seveso en 1976). Sa toxicité était connue depuis les années 1950. Monsanto n'en continua pas moins sa production
>
> Bien plus, elle n'hésita pas à collaborer avec les stratèges du Pentagone : l'agent défoliant orange, rendu tristement célèbre par son utilisation dans la guerre du Vietnam, c'est aussi elle ! L'utilisation de son herbicide comme arme de guerre est le plus gros contrat commercial de l'histoire de la firme !

Plus récente est la polémique relative au glyphosate, le constituant chimique soluble dans l'eau de l'herbicide Roundup (auquel des adjuvants sont ajoutés pour faciliter la pénétration du produit dans les racines des plantes).

Depuis le début du XXe siècle, les suspicions se sont développées quant aux risques sanitaires de l'emploi du glyphosate :

malformations congénitales d'enfants, maladies rénales des agriculteurs, lymphomes cancéreux...

Les recherches se sont multipliées (notamment en Argentine sur l'exposition d'embryons de poulets et de grenouilles) et des enquêtes menées auprès des victimes.
Il est apparu que le danger ne venait pas seulement d'une absorption par les voies respiratoires, mais aussi par la pollution de l'eau et la nourriture. L'hypothèse d'une altération de l'expression de certains gènes a été formulée.

Une enquête récente a révélé qu'on retrouve des traces de glyphosate dans la plupart de nos aliments… via le soja transgénique (qui est utilisé non seulement pour nourrir le bétail, mais aussi dans de très nombreux produits alimentaires industriels).

Remarquons qu'en Belgique, l'utilisation de cet herbicide est interdite dans chacune des trois Régions… alors que la vente demeure autorisée aux particuliers !

Une efficace manipulation frauduleuse de l'opinion

Monsanto a le plus souvent réussi à échapper aux condamnations judiciaires. Par une stratégie du secret et du déni, par des affirmations mensongères, par ses collusions avec le pouvoir notamment la protection, aux USA, de l'Agence de Protection de l'Environnement (EPA).

Tout au plus a-t-elle été condamnée pour publicité mensongère. La publicité de la firme pour le Roundup, son produit fétiche, proclamait qu'il ne présente pas de risque, « *ni pour l'homme, ni pour les animaux, ni pour l'environnement* ».

Or, il a été établi (par l'accès récent à des documents internes de la firme) qu'elle connaissait la toxicité de son produit dès 1999 !
Lorsqu'elle est mise en question par un nombre croissant de recherches, Monsanto persiste à dénoncer de « fausses rumeurs » ; elle lance une campagne de diffamation des scientifiques concernés en même temps qu'elle finance et publie ses propres « recherches ».

Avec ses nouvelles semences OGM résistantes à son herbicide miracle, Monsanto s'est donné une nouvelle image : celle d'une entreprise qui va assurer l'avenir de l'alimentation de la population mondiale (« *Food, Health and Hope* » est son slogan). Implantée dans près de 50 pays, elle affirme qu'elle s'est convertie au « développement durable » et « aide les petits paysans à être plus productifs et autosuffisants ».

En réalité, elle les a rendus tributaires de ses productions (semences brevetées et herbicides). Tout en appauvrissant le précieux capital des très nombreuses espèces cultivées dans le monde, dégradant l'environnement planétaire et entravant, par contagion de voisinage, le développement des cultures biologiques.

Vers une fin de l'impunité ?

L'Union Européenne devait renouveler l'homologation du glyphosate en 2015. Après de longs débats, elle l'a fait, suivant l'avis de l'EPSA (l'équivalent européen de l'EPA américaine) en déclarant, malgré une vive contestation citoyenne, que le glyphosate n'était pas cancérigène ; et ce contrairement à l'avis de l'OMS, rendu la même année, qui a classé le glyphosate comme « *cancérigène probable* ».

A la demande de la société civile, le cas du Roundup fut porté en 2017 devant le Tribunal international de La Haye présidé par la juriste belge Françoise Tulkens. Monsanto a refusé d'être présent.

> Ce tribunal était chargé d'évaluer l'impact du Roundup sur la santé humaine, sur les plantes et les sols et enfin sur la santé des animaux d'élevage.
> De très nombreux témoignages y ont été entendus, de victimes, de médecins, et d'agronomes (français, argentins, des USA, du Sri Lanka, d'Allemagne et du Danemark).
>
> Le tribunal a rendu un avis consultatif : Monsanto a été jugé responsable des pollutions dont il était accusé ; et la Cour demande que soit inscrit dans le droit international *le crime « d'écocide » dont le glyphosate serait un outil.*

Ce n'est pas un jugement (ce tribunal n'en avait pas le droit), mais un avis auquel les avocats des victimes pourront se référer pour aller plus loin… Peut-être l'espoir d'une interdiction de l'herbicide et d'une indemnisation des victimes ?

Je n'oublie pas un sujet d'inquiétude partagé par beaucoup d'Occidentaux : l'augmentation exponentielle du nombre d'habitants devant tirer leurs ressources d'un espace terrestre limité.

Nous en discuterons dans le chapitre suivant.

L'explosion démographique de l'espèce humaine ?

« L'humanité vit là une expérience tout à fait nouvelle. Rien dans son passé ne lui apprend comment faire face à un tel bouleversement »
Albert Jacquard (généticien et démographe)

La répartition de la population mondiale dans l'espace terrestre est très inégale. La tendance est aujourd'hui au regroupement vers les zones littorales (malheureusement les plus exposées aux inondations !) et dans les villes (les plus exposées aux pollutions !).

Mais l'objet de ce chapitre n'est pas la grande variation des densités de peuplement dans le monde (aussi intéressant soit-il d'en comprendre les raisons). Notre réflexion portera sur la capacité de la planète à assurer la survie d'une humanité devenue de plus en plus nombreuse.

Si j'évoque ce thème avec un point d'interrogation, c'est parce que je ne pense pas qu'il s'agisse d'une raison majeure d'être inquiet pour l'avenir (même si une population mondiale à la fois plus nombreuse et plus mobile augmentera le risque des alertes pandémiques).

Un phénomène inédit dont le terme est prévisible

Une explosion démographique

Plus de 7 milliards d'êtres humains peuplent aujourd'hui la planète pour 1 milliard seulement en 1800… Avec une croissance annuelle moyenne devenue exponentielle !

Cette explosion démographique est inédite dans l'histoire de l'humanité. Elle s'inscrit dans le cadre d'une transition d'un régime démographique ancien (natalité et mortalité élevées) à un autre moderne (natalité et mortalité basses) ; avec donc un passage d'un accroissement naturel faible à un retour, progressif et plus ou moins rapide selon les régions, à un accroissement à nouveau faible, ce qui mettra un terme à la croissance de la population mondiale.

Ce taux de croissance se ralentit déjà, depuis la fin des années 1960, en raison d'une baisse de la fécondité, plus particulièrement dans les pays en voie de développement.

> Le taux de fécondité (nombre d'enfants par femme en âge de procréer) est un bon indicateur de la croissance future d'une population.
> Dans une bonne moitié des Etats du monde (dont la plupart des pays européens), il est devenu inférieur au seuil de renouvellement des générations (soit 2,1).
> Celui de la Corée du Sud est l'un des plus bas du monde (de l'ordre de1) avec aussi une espérance de vie parmi les plus élevées. Dans de nombreux Etats d'Afrique noire, par contre, il était encore de l'ordre de 6 en 2018.

Les facteurs ayant de l'influence sur le taux de natalité sont nombreux et complexes. Il serait trop long de les développer ici. L'un d'entre eux semble plus déterminant que les autres : l'éducation et, plus particulièrement celle des femmes !

> On est en effet malheureusement encore très loin (même s'il existe des moyens contraceptifs masculins sans effets secondaires et peu coûteux) d'un partage entre les sexes de la responsabilité de la contraception !

Ce qui est en tout cas démontré, c'est que élévation du niveau de vie et baisse de la natalité vont partout de pair.

Les politiques démographiques menées par les Etats ont aussi de l'influence. Ils ont souvent pratiqué des politiques natalistes (notamment à des fins militaires). A l'inverse, l'expérience récente chinoise de la politique de l'enfant unique s'est révélée efficace…

mais source d'effets secondaires que l'on dénonce aujourd'hui (avortements forcés et tardifs, stérilisations, bébés abandonnés, bébés enlevés pour adoption à l'étranger !).

Des ressources planétaires suffisantes ?

Le malthusianisme

Le « malthusianisme » est né des idées de Malthus à la fin du XVIIIe siècle : il pensait que les pauvres l'étaient parce que trop nombreux par rapport aux ressources naturelles ; sans prendre en compte la cause première d'une très inégale répartition des terres ! Une idéologie plus qu'une théorie scientifique alimentée par la peur du potentiel révolutionnaire que constituait à l'époque la multiplication des classes populaires.

Une pensée néo-malthusienne (la cause des problèmes est « la surpopulation ») est encore relativement présente à l'esprit de beaucoup de nos contemporains en Occident. Elle n'est probablement pas étrangère au sentiment de peur d'une « invasion par des populations immigrées ».

> Proche, mais pour des raisons différentes, est la décision de certains jeunes adultes de ne pas avoir d'enfants pour ne pas contribuer à l'aggravation du dérèglement climatique par un surcroît de consommation. Un choix souvent douloureux, mais qu'ils estiment responsable dans l'idée qu'avoir un enfant n'est pas qu'une décision individuelle, que cela regarde aussi la collectivité.

Les prévisions démographiques pour le XXIe siècle

Selon les prévisions les plus probables de l'ONU, la population mondiale atteindra un pic d'un ordre de grandeur de 10 à 11 milliards à la fin du XXIe siècle (avant de peut-être décliner en raison d'un taux de fécondité insuffisant pour assurer son renouvellement).

> Les chercheurs d'un institut américain financé par la Fondation Bill et Mélina Gates (l'IMME) viennent de prédire, en été 2020,

une estimation plus modérée : un pic de 9,7 milliards avant un déclin jusqu'à 8,8 milliards en 2100.

Avec plusieurs pays (dont la Chine, le Japon, la Thaïlande et l'Italie) qui devraient perdre la moitié de leurs habitants actuels en 2100 ; l'Afrique subsaharienne pouvant au contraire tripler sa population. Si ces prévisions se confirment le Nigéria deviendra le deuxième Etat le plus peuplé du monde, derrière l'Inde.

Une grande incertitude subsiste en ce qui concerne l'Afrique. Les moins de 20 ans représentent aujourd'hui environ la moitié de la population et certains pensent qu'en 2100 un humain sur trois sera africain ! Michel Magny n'hésite pas à écrire que *« Le continent africain est un des futurs grands pôles du XXIe siècle, que l'on considère l'importance de ses richesses naturelles ou le poids croissant de sa population »*.

Il faut être bien conscient que de telles prévisions sont fondées essentiellement sur l'observation des « pyramides des âges » (pourcentages de chacune des classes d'âge masculines et féminines) actuelles des populations nationales ; lesquelles vont se trouver profondément modifiées à la fin du siècle.

Si la réduction de la croissance de la population qui se généralise dans le monde en cours de transition démographique apparaît comme plutôt rassurante, elle pose cependant le problème du vieillissement inéluctable de la population qui rendra plus lourde la charge socio-économique des personnes âgées à assumer par les actifs. Les systèmes de sécurité sociale et de santé devront être assurément repensés.

Plus positivement, certains démographes envisagent des Etats à population vieillie rivalisant pour accueillir des migrants ; et parlent d'une « paix gériatrique » dans l'hypothèse qu'un monde plus âgé pourrait être plus pacifique !

Relativité de la notion de « surpeuplement »

La question se pose de savoir si les ressources de la planète demeureront suffisantes pour répondre aux besoins d'une telle population mondiale. Répondre à cette question est loin d'être simple, car l'idée de « surpeuplement » est toute relative.

Dans les années 1950, le professeur Pierre Gourou (qui fut mon maître à penser en géographie) soulignait en effet, à travers tout son enseignement, les rapports étroitement imbriqués pour une civilisation entre, d'une part, la densité de peuplement possible et, d'autre part, son choix des techniques d'exploitation de la nature et sa maîtrise des techniques d'organisation de l'espace.

Le professeur J-M Decroly parle aujourd'hui d'une équation évaluant l'impact environnemental (**I**) d'une population :

$$I = P\ A\ T$$

> où **P** est le nombre d'habitants, **A** la consommation moyenne par habitant et **T** la technologie mise en œuvre pour produire les biens et services consommés.

Ce sont deux formulations différentes d'une même réalité à prendre en compte : l'impact d'une population sur son espace de vie ne dépend pas QUE de son nombre !

Ce qui est certain, cependant, c'est qu'imaginer possible de généraliser le niveau et le mode de vie actuels des occidentaux à l'ensemble des habitants de la planète est totalement irréaliste !

> Remarquons que cela va à l'encontre de tous les discours habituels sur le « développement ».
> Mais soulignons aussi qu'en ce qui concerne plus particulièrement la production alimentaire, l'évaluation de l'importance du gaspillage est atterrante (de l'ordre de près du tiers de la production mondiale parait-il !)

Conclusion

Il semble qu'une répartition moins inégalitaire des ressources dans le monde, alliée à une consommation plus sobre et aux progrès de la technologie, devrait permettre d'assurer à tous les humains une vie digne de ce nom ; mais à la condition, impérative, d'une remise en question radicale des modes actuels de production, de consommation et d'appropriation des biens.

> *« Le monde est assez grand pour satisfaire les besoins de tous, mais il sera trop petit pour satisfaire l'avidité de quelques-uns »*
> Gandhi

Il me reste à évoquer une réalité marquante, en ce début du XXIe siècle : la très rapide montée en puissance du géant démographique qu'est la Chine.

Nous verrons qu'il n'est pas facile de conclure, aujourd'hui, si la Chine apporte pour l'humanité des raisons d'inquiétude ou d'espoir.

La montée en puissance de la Chine

> *« Dans la conception chinoise, la nature est une réalité transitoire, dynamique, se renouvelant sans cesse selon le principe d'oscillation entre le Yin et le Yang, le féminin et le masculin, le Ciel et la Terre, le passif et l'actif, parce que traversée par une énergie fondamentale, le Qi »*
> D'après Frédéric Lenoir

Qu'on le souhaite ou non le devenir du monde sera profondément marqué au XXIe siècle par celui de la Chine !

L'importance de ce géant asiatique ne fait que croître en raison de plusieurs facteurs :

- D'abord son poids démographique (près de 1,5 milliards d'habitants et donc autant de consommateurs).

  Les Hans, détenteurs du pouvoir, y sont très largement dominants. Ils représentent 90 % de la population, à côté de plus de 50 autres ethnies reconnues officiellement, dont certaines demeurent majoritaires dans leurs territoires annexés aux marges ouest de l'ancienne Chine impériale (Xinkiang et Tibet).
  Sous les apparences d'une « nation », la Chine actuelle est née en fait d'un vaste empire non décolonisé !

- Ensuite, sa croissance économique fulgurante depuis 10 ans et son importance grandissante dans les échanges commerciaux mondialisés. Avec le risque d'une appropriation à son profit d'une grande part des ressources naturelles planétaires et la dépendance excessive des économies européennes à son égard.

- Enfin, parce que l'ambition de son actuel gouvernement est de retrouver sa place ancienne de première puissance du monde et de projeter cette puissance au-delà de ses frontières !

D'une très grande richesse, la Civilisation chinoise, vieille de 5000 ans, est méconnue en Occident. Fondée sur des valeurs prioritaires différentes des nôtres, elle a témoigné d'une grande stabilité à travers une histoire mouvementée.

Une croissance démographique ralentie

Avec son milliard et demi d'habitants, la population chinoise représente aujourd'hui 18 % de la population mondiale.

Et son poids démographique serait plus grand encore si la croissance rapide de la population n'avait pas été enrayée par une décision des années 1970 : la politique de l'enfant unique décidée par Deng Xiaoping en 1970. Une expérience unique dans l'histoire qui imposa aux familles chinoises, jusqu'en 2015, de n'avoir qu'un seul enfant.

> Les mesures coercitives prises (y compris les campagnes de stérilisation forcée) furent très impopulaires. Et les dégâts, comme nous l'avons dit dans le chapitre précédent, furent considérables : nombreux avortements sélectifs voire même des infanticides de filles, bébés abandonnés ou enlevés pour adoption à l'étranger.
>
> Cela s'explique par la structure familiale traditionnelle chinoise, patrilinéaire (la lignée est transmise par les fils) et patrilocale (les filles vont vivre dans la famille de leur époux). Les couples craignant qu'avec la naissance d'une fille ils n'aient personne pour s'occuper d'eux une fois âgés, souhaitaient presque tous avoir un garçon !

Mais du point de vue de la croissance démographique, la politique fut efficace : une chute spectaculaire de la fécondité (réduite de moitié en moins de 10 ans !), même si l'application de cette loi fut moins stricte pour les minorités ethniques. L'accroissement naturel de la population n'est plus aujourd'hui que de l'ordre de 3 pour mille habitants : la « transition démographique » chinoise est presque terminée !

Il en résulte, à plus long terme, un vieillissement de la population déjà marquant aujourd'hui et qui va encore s'accentuer dans les années à venir.

Un développement économique récent fulgurant

L'économie chinoise d'aujourd'hui n'est vraiment plus celle du temps de Mao Tse Tong !

Un modèle économique original qui prouve son efficacité

Après l'expérimentation d'un passage d'une économie planifiée à une économie de marché dans quelques « zones économiques spéciales » seulement, Deng Xiaoping a ouvert le territoire chinois aux investissements étrangers à partir de la fin des années 1980, via le nouveau concept rassurant d'une « *économie socialiste de marché* » : le pouvoir chinois opte pour un système qui conjugue le maintien d'un Etat fort (via le bras du parti communiste) et le champ libre aux initiatives du secteur privé.

Depuis les années 1990 cette réforme touche tous les secteurs économiques et les délocalisations d'entreprises occidentales en territoire chinois se sont emballées ; mais les Chinois sont devenus de plus en plus exigeants en matière de transfert de technologies, condition imposée pour avoir accès à leur vaste marché.

A partir du XXIe siècle, la Chine va se fixer pour objectif la maîtrise des technologies de pointe, à commencer par celle du chemin de fer puis celle du nucléaire :

> Le premier TGV chinois est inauguré en 2011, avec deux lignes intérieures N-S et E-O.

Avec la collaboration de l'entreprise française Areva, la Chine devient rapidement compétente dans le domaine des centrales nucléaires de nouvelle génération.

Elle développe, à Chenzen, l'homologue de la Silicon Valley californienne ; la moitié des demandes de brevets dans le numérique est chinoise en 2020 ; Huawei son géant des télécommunications est devenu le leader mondial de la 5G ; Alibaba rivalise avec Amazon…

Elle a aujourd'hui exclu de son territoire les géants américains du net et multiplié ses propres applications ; ses technologies sont exportées dans le monde entier (plus de 1,5 milliards de personnes ont téléchargé l'application Tik Tok depuis sa création en 2016, mais pas en Inde où elle est interdite).

Depuis 2001, la Chine fait partie de l'OMC (l'Organisation Mondiale du Commerce) ; elle a été admise moyennant un délai de 15 ans pour achever sa transition vers une véritable économie de marché… ce qui n'est pas arrivé !

L'Etat chinois demeure en effet aujourd'hui un acteur central de l'économie via les gouverneurs de provinces (nommés et contrôlés par le PC) et une aide financière massive ; et les entreprises d'Etat, qui coexistent avec le secteur privé, contrôlent largement le secteur bancaire, celui des transports et les services liés à la science et la technologie.

Sa réussite économique rapide, la Chine ne la doit pas au jeu du marché, mais bien à la puissance d'un pouvoir central planificateur qui déploie une stratégie de long terme (inspirée par celle du jeu de go !).

Le temps n'est plus où la Chine copiait les technologies de l'Occident ; elle rivalise à présent avec les USA pour les technologies de pointe ! Sa maîtrise rapide des technologies occidentales lui permet d'assumer aujourd'hui un rôle clé dans les filières d'approvisionnement des grandes multinationales numériques (notamment l'avance prise dans la 5G et en intelligence artificielle) et pharmaceutiques.

Un virage écologique récent

Pendant 20 siècles, la civilisation chinoise (comme l'Occidentale !) fut marquée par un rapport de prédation avec la nature sans se soucier des conséquences environnementales (déboisement, désertification, pollutions).

La pollution des fleuves chinois (qui servent de dépotoirs chimiques) est un problème majeur, de même que le risque d'épuisement des nappes aquifères. Des plans colossaux de travaux hydrauliques (avec détournement de cours d'eau et barrages gigantesques) ont eu comme conséquence des déplacements de populations par millions.

Au siècle passé, la Chine fut montrée du doigt par l'Occident comme étant le premier pollueur du monde, sans reconnaitre qu'elle contribuait ainsi aux besoins des habitants de toute la planète : les pays industrialisés y envoyaient leurs déchets, y délocalisaient leurs exploitations minières polluantes...

Au XXIe siècle, le pouvoir chinois est devenu de plus en plus soucieux de la question de la protection de l'environnement, et, plus particulièrement, de la qualité de l'alimentation de sa population (après des scandales répétés).

Certes, un grand pas reste à faire dans leur exploitation des ressources minières et leur politique de l'énergie. Mais la Chine est devenue déjà leader mondial de l'exploitation du solaire et ses dirigeants semblent soucieux aujourd'hui de donner une image responsable de « puissance verte ». Ce qui pourrait faire de la Chine un partenaire de poids, pour l'Europe, dans le processus de transition écologique.

L'exemple de la lutte contre les tempêtes de sable qui sont responsables du « brouillard orange » qui envahit Pékin plusieurs fois par an est bien détaillé dans le film documentaire « *La Chine en guerre contre le dragon jaune* » (ARTE, 2016) :

> Les sables ont été analysés et classés ; deux zones ont été identifiées comme étant la source de ces poussières mobiles : la Mongolie au nord et le Sin Kiang à l'ouest (où les oasis sont menacées). Le déplacement a été mesuré (grâce à des balises GPS) et une modélisation s'efforce d'en prévoir les trajets (dans le but de construire les voies de communication à l'écart).
> Diverses techniques ont été expérimentées par les scientifiques pour stabiliser les sables : un programme de pluies artificielles (par bombardement des nuages avec de l'iodure d'argent) : plantations d'arbres (judicieusement choisis après expérimentation de centaines d'espèces différentes), avec injection d'eau sous pression pour augmenter le taux de survie des jeunes pousses : techniques de formation naturelle de sols par implantation de lichens et cyanobactéries (dont les filaments constituent un substrat pour la pousse du lichen) ; plantation de plantes halophiles sur les lacs asséchés de Mongolie.

Il s'agit d'un plan d'envergure, élaboré après la reconnaissance des causes humaines du problème (déboisement, surexploitation du sol, animaux d'élevage) et qui porte ses fruits ; mais qui a exigé des moyens financiers considérables !

Par ailleurs, la Chine s'est engagée dans un gros effort de reboisement : replantations d'arbres sur le cours supérieur du fleuve Yang Tse Jiang pour contrer les inondations ; ceinture d'arbres de plus de 4000 km de long pour contrer l'expansion du désert dans le Nord-Ouest.

La volonté d'une autre mondialisation

La Chine est un Etat qui pense l'avenir alors que nous gérons le présent. Ses dirigeants font aujourd'hui preuve, en effet, d'une vision à très long terme (telle que celle que nous recommande le GIEC !)

Dans le cadre d'une volonté d'ouverture sur le monde, l'ambitieux projet d'investissements dans le monde qui est au cœur de la politique étrangère de Xi Jinping depuis 2017, en est la meilleure illustration.

La nouvelle stratégie des « Routes de la soie »

Il s'agit d'un plan d'investissements colossaux, mûrement réfléchi, qui s'inscrit dans une vision spatiale et temporelle très large et dont l'objectif premier est la conquête des marchés d'Asie, d'Europe et d'Afrique pour l'écoulement de ses énormes capacités de production. Il s'agit aussi de s'assurer l'accès aux ressources énergétiques et minières qui lui manquent.

La dénomination (en anglais « *Belt and Road Initiative* » BRI) se réfère bien évidemment au passé des itinéraires de Marco Polo, mais conçus dans le sens inverse ! Cependant, le projet combine deux intentions simultanées : la volonté de renouer avec un passé millénaire prestigieux et celle de fonder une voie moderne propre, autre que celle du développement économique de l'Occident.

Les itinéraires choisis sont très diversifiés. Une récente émission du « *Dessous des cartes* », ARTE, 2020, insiste sur le fait qu'il ne s'agit pas seulement d'un axe Est-Ouest (deux voies continentales et une maritime via la mer Rouge).
Sont également concernées trois voies dans le Sud asiatique (à travers le Pakistan, la Thaïlande et la Malaisie, et la Birmanie) et une voie vers l'Afrique de l'Est. Auxquelles s'ajoute la voie arctique (via le Groenland) désormais partiellement libre de l'empreinte de la banquise.

Le pouvoir chinois construit des infrastructures ferroviaires (avec le plus souvent une main-d'œuvre chinoise importée), rachète des ports (en Europe le Pirée, Bilbao, Valence, Zeebrugge…), accorde des prêts aux pays traversés. Il a obtenu que plus d'une cinquantaine d'Etats rejoignent le projet via des accords bilatéraux qui les rendent dépendants de Pékin.

> Les Chinois excellent à diversifier leurs offres en jouant sur les dissensions entre Etats. L'exemple du rachat du port grec du Pirée (devenu porte d'entrée privilégiée des exportations chinoises par mer) a valu à la Chine le soutien de la Grèce à l'ONU (dans le contexte d'un endettement dont le gouvernement grec ne savait comment se sortir) ; les pays de l'Europe de l'Est et certains Etats africains sont plus particulièrement sollicités par les investisseurs chinois.

La Chine fait l'acquisition de terres agricoles, un peu partout dans le monde, notamment en Afrique, dont elle n'a pas encore besoin aujourd'hui ; l'objectif est d'assurer à l'avenir l'autosuffisance alimentaire de sa population qu'ils ont réussi à sortir de sa pauvreté.

> La Chine loue ou achète des millions d'hectares de terres cultivables dans des pays aussi divers que le Mexique, les Philippines et même l'Australie, mais pour l'essentiel en Afrique ; l'impact est variable (l'expertise des Chinois peut être utile aux agriculteurs locaux, mais cela ressemble plutôt à un système de type néocolonial).

Mais, allant bien au-delà de ses objectifs économiques, cette stratégie, chère à Xi Jinping, vise à renforcer les connections entre la Chine et le reste du monde. Ce qui va de pair avec la quête d'une influence croissante dans les organisations internationales (qui se traduit par une hausse de ses contributions financières et la nomination de Chinois à des postes clé) et l'implantation de « centres Confucius » dans de nombreux pays.

Il s'agit donc bien d'une démarche qui dépasse largement la prouesse technique : c'est une nouvelle forme de mondialisation où Pékin est au centre et impose son modèle ! Et qui est présentée, aux Européens quelque peu abasourdis, comme un nouveau type de relations internationales censé être bénéfique pour le monde entier !

Une civilisation méconnue en Occident

Un vaste espace multiculturel

La Chine d'aujourd'hui s'étend sur un vaste espace grand comme deux fois l'Union Européenne, qui en fait une puissance à la fois continentale et maritime (bordée par 14 Etats frontaliers, ce qui n'est pas aisé à gérer !). Un espace dual du point de vue climatique : le Sud-Est est chaud et humide ; le Nord-Ouest froid et aride.

Malgré sa très grande diversité culturelle, elle se présente comme « un Etat pluriethnique unifié » : 55 minorités officiellement reconnues à côté de l'écrasante majorité des Han, cette ethnie hégémonique qui se sent chargée d'une « mission civilisatrice ». Depuis le XVIIIe siècle déjà, leur objectif continu a été celui d'une « sinisation » imposée, marquée par une politique d'assimilation progressive des groupes minoritaires, tous étant considérés par le pouvoir comme faisant partie du « peuple chinois ».

L'unification de la « Chine impériale » date du deuxième siècle avant Jésus-Christ. La permanence de cette Chine dans le temps et dans l'espace est remarquable.

Elle s'est toujours perçue comme supérieure aux « barbares » nomades qui la menaçaient d'une puissance militaire accrue par leur mobilité (contre laquelle la « grande muraille » ne s'est pas montrée très efficace !) Peu nombreux, ces envahisseurs ne pouvaient exploiter leurs conquêtes qu'en utilisant l'appareil administratif chinois, donc en faisant appel aux vaincus... et ils se « sinisèrent ».

Elle a mené une politique d'expansion territoriale vers l'Ouest et le Nord qui remonte à l'ère de la dynastie mandchoue (XVIIIe siècle) et lui a permis de s'adjoindre au XXe des territoires devenus 5 « régions autonomes » ayant en principe droit à une autonomie financière et une langue locale (dont le Tibet et le Xin Kiang). Elle a récupéré les anciennes colonies britannique et portugaise de Hong Kong et Macao (devenues deux « régions administratives spéciales » destinées à devenir pleinement chinoises en 2047 et 2049).

Sous la férule du parti communiste, la politique actuelle contrôle fermement ces territoires conquis qui lui sont très intéressants du point de vue économique ; et vise à les peupler d'un nombre croissant de Han, aux dépens des droits des autochtones.

> Peu connue en Occident, la répression exercée sur la minorité Oïgour, dans la « région autonome » du Xin Kiang, doit être soulignée. Ce peuple de 12 millions d'habitants, jadis très majoritaire dans cette région aride du Turkestan oriental, ne représente plus qu'une petite moitié de la population aujourd'hui.
>
> C'est une des populations musulmanes les plus opprimées du monde dans le cadre de la politique de sinisation forcée menée par Pékin. Fermetures d'industries traditionnelles, surveillance par

des fonctionnaires chinois jusque dans l'intimité des foyers, arrestations arbitraires de nombreux intellectuels, camps dits « de rééducation », filles contraintes d'épouser un Chinois et viols collectifs dans les camps… sont autant de moyens mis en pratique face au silence de la communauté internationale !

Un tel acharnement s'explique par le fait que le Xin Kiang, riche en ressources minières, est aussi un passage stratégique pour une des principales « routes de la soie » vers l'Europe.

L'héritage d'une très ancienne civilisation

La civilisation chinoise est une des plus anciennes au monde auquel elle a apporté de nombreuses inventions techniques (notamment la soie, le thé, la boussole, le papier, l'imprimerie, la poudre, le gouvernail d'étambot…) et de précieuses connaissances médicales que l'Occident découvre de nos jours.

Son unité et sa stabilité à travers l'histoire repose essentiellement sur deux choses :

- une écriture commune idéographique encore vivante et évolutive aujourd'hui (dont la calligraphie est considérée comme une discipline essentielle à apprendre) qui permet à tous les Chinois de se comprendre malgré une très grande diversité de langues.
- le maintien d'une tradition culturelle qui remonte à plus de 2000 ans, fondée sur l'héritage philosophique de Confucius et Lao Tseu.

Lao Tseu, personnage mythique du VI siècle avant Jésus-Christ, est considéré comme le père fondateur du taoïsme, philosophie religieuse (qui comprend, notamment, la recherche de l'équilibre des deux principes étroitement imbriqués du yin et du yang) qui coexiste avec celle du bouddhisme importé depuis l'Inde.

Confucius, lui, nait à cette même époque où l'espace chinois est marqué par la grande violence des guerres entre petits Etats rivaux. Nostalgique d'un âge d'or du passé, période de paix et de stabilité, il invente une doctrine philosophique et morale qui visait à rétablir l'harmonie. Des idées qui seront rejetées de son vivant avant d'être adoptées par les empereurs chinois des années après sa mort, et qui constituent, depuis, la pierre angulaire de l'éducation chinoise.

« *Pour comprendre la Chine, il faut comprendre Confucius et son héritage* » nous dit un documentaire d'ARTE, « *La Chine selon Confucius* », 2020. Le recueil de ses pensées, rassemblées par ses disciples (mais rédigé bien après sa mort !) est enseigné dans les écoles chinoises depuis près de 2000 ans : il peut être considéré comme un code moral qui est à la base de la civilisation chinoise.

Deux aspects étaient fondamentaux pour Confucius : l'importance de la famille et de la piété filiale et aussi celle des rituels et des cérémonials (considérés comme le ciment une nation). Ils demeurent frappants dans la société chinoise actuelle.

> Les relations de parenté jouent un très grand rôle dans la société chinoise. Les retrouvailles familiales du nouvel-an sont, pour tous les Chinois, le moment fort de l'année, qui génère d'importants déplacements à travers le pays ; l'épidémie naissante du Covd-19 début 2020 a gravement perturbé cette tradition séculaire.
>
> La généalogie des descendants de Confucius est bien connue ; elle comporte 2 millions de noms ! Ils sont tenus d'exalter la morale confucéenne où qu'ils vivent.

Les qualités morales valorisées par cette pensée sont la sincérité, le respect, l'empathie, et, surtout la vertu suprême de la bienveillance, considérée comme la meilleure conduite possible.

Associée à l'idée de « vieilleries féodales » la pensée de Confucius a été rejetée lors de la « révolution culturelle » des gardes rouges (initiée en 1966 par Mao Tse Toung pour consolider son pouvoir en s'appuyant sur la jeunesse du pays). Mais il est ensuite redevenu un symbole de la pérennité de la civilisation chinoise.

Conclusion

Un régime politique très autoritaire

Le regard de l'Occident est généralement plutôt critique à l'égard de la Chine en raison de son régime politique autoritaire et oppresseur des minorités ethniques, plus particulièrement celles des Tibétains et des Ouïgours.

L'arrivée au pouvoir de Xi Jinping en 2013 a marqué un renforcement de cet autoritarisme (et de la censure plus particulièrement) ; les nouvelles technologies sont mises au service d'une véritable « société de surveillance ».

L'exemple de la façon dont le pouvoir chinois a fait face à l'épidémie du Covid-19 au début 2020 est révélateur d'un régime politique à la fois fort et peu transparent, en même temps que très soucieux de son image au niveau international :

> Pékin s'efforce de convaincre le monde que son contrôle autoritaire du pouvoir lui a permis, mieux que les démocraties, de contenir l'épidémie du coronavirus. Sans reconnaître que c'est son recours à la censure (avec sanction du lanceur d'alerte) qui a retardé la prise de conscience de la gravité de la menace ; que les statistiques qu'il publie ne sont pas fiables ; et que la force policière a été souvent utilisée pour empêcher les citoyens de sortir ou les emmener à l'hôpital s'ils avaient de la fièvre…
>
> Une violence d'Etat très répressive qui contraste avec le choix de démocraties comme la Suède (et dans une moindre mesure la Belgique) de faire confiance à la population en misant essentiellement sur la distanciation physique et en faisant appel au sens des responsabilités de chacun !
>
> En même temps, ses propositions d'aide en équipements de protection et assistance médicale à plus de 80 pays (à commencer par l'Italie) s'inscrit dans une stratégie visant à utiliser la « diplomatie sanitaire » comme outil d'influence.

D'une manière plus générale, la multiplication de caméras à reconnaissance faciale et l'instauration d'un « crédit social » à points sont inquiétantes... ne s'agit-il pas, surtout, de mieux garantir le maintien du parti communiste au pouvoir dans le cadre d'un système de gouvernance fortement centralisé ?

Depuis l'arrivée au pouvoir de Xi Jinping en 2012, les références à l'héritage maoïste se multiplient et la force du parti communiste se réaffirme. Avec 90 millions de membres, il est présent à tous les échelons de la société avec un maillage géographique dense ; il recrute aisément parmi les jeunes ; il contrôle de plus en plus la recherche scientifique.

Une compétition interpelante entre deux modèles de sociétés

Il est cependant possible de voir les choses avec un regard nuancé plus positif. En acceptant, comme l'a fait Jacques Chirac dans les années 1990, de reconnaître à la Chine en matière des Droits de l'Homme « *une particularité culturelle fondée sur son histoire* » ; et ce malgré nos réticences légitimes face au contrôle qu'exerce le pouvoir actuel sur sa population (notamment au moyen d'un « arsenal numérique » qu'aucun régime totalitaire n'a encore jamais possédé !).

Il faut être conscient que pour les Chinois, l'Homme est avant tout un être social. L'exaltation dans la tradition judéo-chrétienne du « salut personnel » est totalement étrangère à la pensée chinoise.

Les représentants du pouvoir politique chinois ont une façon très pragmatique de régler les problèmes, par une prise en compte de la réalité des faits. L'efficacité économique, avec une croissance du bien-être matériel, légitime à leurs yeux la réduction des libertés individuelles.

Le modèle autoritaire chinois, avec son système politique à parti unique, tient à se démarquer des démocraties occidentales. Il ne comporte pas le principe occidental d'une séparation des pouvoirs. Les dirigeants chinois aiment à souligner les faiblesses de nos démocraties, tout en justifiant leur contrôle social rigoureux par l'objectif de refaçonner un « homme nouveau » au service de la communauté. Dans la civilisation chinoise, l'intérêt collectif a toujours pris le pas sur l'intérêt individuel ; avec l'idée que l'Etat peut être compris comme une famille au sens large.

A une époque où l'Union européenne souffre de son manque d'unité et réfléchit à des moyens éducatifs de développer un sens plus responsable de la citoyenneté, l'expérience traditionnelle d'une conscience collective de la population chinoise (au-delà du régime dictatorial qu'elle subit aujourd'hui) pourrait nous pousser à une réflexion féconde de remise en question de notre culture occidentale beaucoup plus individualiste.

La Chine propose aujourd'hui une autre voie que le modèle occidental qui se croyait universel. Ne serait-ce pas une grave erreur de la rejeter en bloc ?

Après l'analyse de ces nombreux sujets d'inquiétude pour l'avenir de notre monde, il est temps, à présent, de tenter de conclure.

Conclusion de ce bilan

> *« La planète, victime du succès incontrôlé de l'espèce humaine est devenue impropre à héberger cette espèce »*
> Christian de Duve (biochimiste)

On ne sort pas indemne d'un tel constat. Pour la première fois de son histoire, il semble que l'humanité doit affronter un défi collectif dont l'enjeu est sa survie !

D'autant plus que l'évolution de la plupart des courbes, depuis la fin du XXe siècle jusqu'à aujourd'hui, ne s'infléchissent pas dans le sens espéré. En ce qui concerne le dérèglement climatique, la tendance de l'évolution des faits observés par les climatologues est en effet actuellement conforme aux hypothèses les plus pessimistes des
« modèles » (c'est-à-dire les représentations virtuelles simplifiées des systèmes réels qui essayent d'en garder les traits essentiels) sur lesquels se fondent les projections du GIEC.

De toute évidence, nous sommes engagés dans un modèle de développement écologiquement insoutenable.

Tout est lié !

Suite à l'exposé de ces différents thèmes, que j'ai traités l'un après l'autre dans un souci de clarté, nous sentons intuitivement combien les relations entre eux sont nombreuses, étroites et complexes.

Quelques exemples :

> L'augmentation de la population couplée à la généralisation du mode de vie occidental renforce la pollution, la perte de la

biodiversité, les besoins d'énergie et de ressources naturelles et donc les émissions de gaz à effet de serre.

La déforestation pratiquée et l'usage des énergies fossiles par des grandes firmes transnationales renforcent le dérèglement climatique.

Dans un monde où l'écologique impose une consommation plus sobre, un partage des ressources très inégal dans le cadre d'une économie globalisée aggrave le risque du populisme.

Nous réalisons aussi combien le modèle économico-financier du néolibéralisme a un impact fondamental sur presque toutes les autres raisons de s'inquiéter. Il est responsable de la conjugaison de fortes inégalités sociales et de l'impasse écologique qui caractérise la situation mondiale actuelle.

Et, comme l'écrit Michel Magny, « *L'impitoyable compétition néolibérale est une menace pour l'humanité par son essence même, parce qu'elle ruine les relations de solidarité et d'entraide qui président à l'édification de toute société et qui font d'un groupe humain une communauté* ».

Les réfugiés : exemple d'une thématique systémique

Les déclarations alarmistes se multiplient quant au nombre de réfugiés climatiques à prévoir au XXIe siècle, avec des migrations transnationales à grande échelle, génératrices de conflits (voir, notamment, la soirée thématique d'ARTE fin 2018).

Sans sous-estimer l'impact certain des conséquences du dérèglement du climat, particulièrement sur les populations les plus pauvres, je pense qu'il faut se garder d'une vision déterministe trop simpliste. D'autres facteurs entrent le plus souvent en jeu, qui aggravent la situation.

Le cas du Bangladesh

Ce pays est considéré comme l'Etat déjà le plus frappé par le réchauffement du climat. Une plaine côtière aux alluvions fertiles, celle du delta du Gange. Un peuplement très dense de 160 millions d'habitants. Une double menace : celle de la mer, mais, surtout, celle des bras de fleuves ; les digues érodées cèdent de plus en plus sous l'effet de l'érosion. La prévision du 1/5 du territoire sous eau en 2050 avec des déplacements de population inévitables.

Les causes naturelles de la situation alarmante sont bien connues : fonte des glaciers de l'Himalaya ; relèvement du niveau marin (de l'ordre de 2 cm par an) ; relief plat ; cyclones tropicaux de plus en plus forts.

Moins mis en évidence sont des facteurs politiques et socio-économiques à prendre également en considération :

> D'abord la division arbitraire du delta du Bengale entre l'Inde et le Pakistan (issue de la guerre entre hindouistes et musulmans lors du partage du monde indien en 1947) posant le problème de la répartition des eaux du Gange entre les deux Etats. Puissance dominante, l'Inde a construit des barrages dans sa partie, dont le grand barrage de Farakka en travers du Gange qui retient en amont l'eau dont elle a besoin en saison sèche ; qu'elle libère brutalement en période de mousson ...: Les paysans bengalis souffrent tour à tour d'un manque et d'un excès d'eau !
> Ce détournement des eaux par l'Inde prive le Bangladesh d'une ressource essentielle à son économie essentiellement agricole ; une large part du pays s'est asséchée, les ressources en pêche ont diminué de moitié.
>
> Le bouclier naturel des mangroves (forêts tropicales d'eau douce) menace de se dégrader : pas seulement parce que la salinité de l'eau augmente, mais aussi par l'implantation d'une centrale au charbon... réalisée par une entreprise allemande pour l'exploitation d'un charbon indien !
>
> La population très pauvre du Bangladesh est un vivier de main-d'œuvre bon marché, notamment pour des entreprises transnationales textiles d'origine occidentale. Son faible degré d'instruction n'est pas propice à un ralentissement de la forte croissance démographique.

Le cas de la désertification sahélienne

Le drame humanitaire de la sécheresse du Sahel dans les années 1970 a marqué les esprits par ses masses de familles forcées de migrer en raison du manque d'eau. Les organisations internationales s'en sont émues ; la cinéaste belge Marion Hänsel en a fait un film merveilleux (*« Si le vent soulève les sables »*).

Avec le recul de plusieurs décennies, le mythe d'une « *avancée du désert* » est aujourd'hui battu en brèche par une meilleure compréhension du phénomène de la désertification dans lequel les responsabilités climatiques et humaines sont étroitement imbriquées.

Dans son ouvrage « *La terre sur un fil* », le géographe Eric Lambin souligne trois éléments factuels causes du problème :

- Le constat d'une désertification locale, par taches isolées les unes des autres.
- Celui d'une grande irrégularité naturelle des pluies dans ce climat semi-aride, générant des écosystèmes en constant déséquilibre, avec des changements temporaires et réversibles.
- Une diversité des pratiques agricoles (peuples pasteurs et cultivateurs, plus ou moins mobiles) complémentaires ou concurrentes, mais toujours extensives et le plus souvent résilientes moyennant des pratiques de jachère.

Dans ce contexte, il peut arriver que la combinaison inhabituelle de perturbations climatiques et humaines se renforçant mutuellement entraine une dégradation plus durable du milieu. C'est ce qui est arrivé dans l'Afrique sahélienne :

> Après les pluies exceptionnelles des années 1950-60, les politiques nationales ont encouragé la petite agriculture paysanne : dans l'idée que le nomadisme pastoral n'est pas compatible avec une société « moderne » avec ses exigences de scolarisation et d'accès aux services de santé ; mais aussi parce qu'il est bien difficile de prélever des taxes sur les éleveurs transhumants et de contrôler leurs passages des frontières !

> Les pasteurs ont été repoussés vers le désert au Nord, dont les pâturages avaient temporairement reverdi. Quand les années 1970 ont ramené la sécheresse, ils se sont retrouvés piégés, trouvant les terres de leurs parcours habituels de transhumance occupées de manière permanente ! Ils ont dû se replier dans des espaces exigus avec leurs troupeaux ; et les conflits avec les cultivateurs s'en trouvèrent aggravés.
>
> Ces poches de surpâturage entrainèrent une désertification du sol spatialement dispersée. Les gouvernements prônèrent une gestion moderne des pâturages assortie d'une semi- sédentarisation autour de points d'eau alimentés par des forages ; des barrières vertes furent édifiées pour stopper la soi-disant « avance du désert », restreignant d'autant plus la mobilité des pasteurs.

Cette approche systémique de la question montre de manière dramatique comment « *une compréhension inadéquate d'un problème environnemental présumé amène parfois des interventions qui deviennent ensuite elles-mêmes une cause du problème* » (Eric Lambin)

Remarquons que dans le cas de l'Australie, même s'il n'a pas généré un flux de réfugiés, un phénomène similaire de désertification d'origine humaine a marqué le centre du pays où, depuis l'arrivée des colons britanniques à la fin du XVIIIe siècle, se sont développés des ranchs d'élevage de bétail à desfins d'exportation.

> Le centre de l'Australie est progressivement devenu une « usine à viande » avec un surpâturage motivé par un désir de profit qui a dévasté la végétation. Trop peu d'éleveurs acceptent aujourd'hui de se remettre en question par une réduction de leur troupeau qui pourrait pourtant, avec une replantation d'espèces adaptées, résoudre leur problème financier.

Conclusion : une grande complexité

De nombreux travaux scientifiques ont fait apparaître que c'est avant tout la dégradation de leurs conditions socio-économiques ou le drame des guerres qui poussent les gens à prendre la décision, toujours très difficile, de quitter leur lieu de vie, aussi vulnérable soit-il. Sans oublier, bien sûr, les persécutions politiques (les seules raisons prises en compte par la Convention de Genève pour obtenir le statut de réfugié !).

En réalité, la migration est presque toujours multifactorielle (c'est pourquoi le GIEC estime que l'expression « réfugiés climatiques » manque de pertinence).

Ce qui n'enlève rien, bien sûr, à la réalité du changement climatique ! Lequel, nous l'avons vu, ne doit pas être considéré lui-même comme une cause « naturelle » : si les processus enclenchés le sont bien, la cause première est la façon dont la civilisation industrielle exploite depuis plus de deux siècles les ressources de son environnement naturel !

D'une manière plus générale, la question des interactions des sociétés humaines avec leur environnement naturel est un sujet des plus complexes à analyser. Gardons-nous des déterminismes géographiques simplistes !

Une science nouvelle : la « collapsologie »

Un rapport précurseur

En 1972 déjà, alors que l'on était bien loin d'avoir des inquiétudes pour l'avenir du monde, les époux Meadow (scientifiques américains) avaient lancé l'alerte dans un ouvrage visionnaire « *Halte à la croissance* ».

> Leurs travaux avaient été effectués à la demande du Club de Rome (un groupe de réflexion rassemblant des scientifiques, des économistes, des fonctionnaires et des industriels de plus de 50 pays).
> Leur rapport était fondé sur l'utilisation d'un modèle numérique permettant de suivre les interactions de cinq variables de 1990 à 2100 (population, industrialisation, alimentation, pollution et dégradation des ressources naturelles non renouvelables) dans le cas de deux scénarios (sans changement ou avec progrès technologique).

Il concluait que les progrès technologiques n'offraient au mieux qu'un sursis : une croissance exponentielle n'était pas envisageable dans un monde fini !

Ils ne furent pas entendus tant primait une vision à court terme, dans l'esprit des entrepreneurs comme des responsables politiques… L'évolution du monde leur donne pourtant aujourd'hui raison.

Une science nouvelle

Son nom vient du latin « collapsus » : qui est tombé en un seul bloc. Ses porte-parole, qui sont deux chercheurs belges Pablo Servigne et Raphaêl Stevens, la définissent comme suit :

« *Exercice transdisciplinaire d'étude de l'effondrement de notre civilisation industrielle, et de ce qui pourrait lui succéder, en s'appuyant sur les deux modes cognitifs que sont la raison et l'intuition et sur des travaux scientifiques reconnus* ».

Tout en ajoutant que « *en collapsologie nous ne sommes pas en mesure de tout prévoir* ».

Ils se réfèrent à la définition que Yves Cochet donne du terme « effondrement » : « *processus à l'issue duquel les besoins de base (eau, alimentation, logement, habillement, énergie, etc…) ne sont plus fournis à un coût raisonnable à une majorité de la population par des services encadrés par la loi* ».

Dans son livre « *Effondrement* » publié en 1992, Jared Diamond s'est penché sur plusieurs exemples de civilisations qui se sont éteintes dans l'histoire suite à « *une disparition drastique de la population sur une période de temps relativement courte* ».
Il y distingue, en conclusion, cinq causes possibles d'effondrement : la dégradation de l'environnement sous l'impact des activités humaines, le changement du climat, la perte de partenaires commerciaux, des voisins hostiles et de mauvaises décisions des élites.

Les collapsologues pensent qu'au terme d'un processus qui a déjà commencé et dont la durée est indéterminée, un effondrement de notre civilisation industrielle actuelle semble inévitable. Ils envisagent qu'il pourra se passer de deux manières possibles :

- par une lente érosion avec une exclusion progressive du bien-être d'une majorité des humains
- par une rupture brutale « systémique », un système étant capable de s'emballer par des réactions en chaine (effet domino)

Ils insistent sur l'évolution non linéaire des systèmes, avec le risque d'un basculement une fois franchi un « seuil critique ». Un changement de faible amplitude, mais qui s'ajoute à une série de modifications antérieures, peut suffire à modifier brusquement et de façon irréversible l'état d'un système.

Ils sont très conscients que cet effondrement ne se produira pas partout de la même manière (formes, vitesse) ni au même moment ; mais soulignent que la mondialisation accroit la possibilité d'un phénomène global.

Une vision catastrophiste ?

Ces auteurs sont accusés d'être des « catastrophistes ». Une vision que Laurent Testo assume (« *L'état d'urgence de notre monde Changer ou disparaître* », 2020, avec la collaboration de 40 scientifiques), parce qu'il pense que l'alarmisme est la seule façon de saisir l'urgence.

Le psychiatre Boris Cyrulnik a, lui, une vision plus optimiste de la catastrophe en tant que moteur d'évolution (étymologiquement de « cata » rupture et « strophe » passage à quelque chose de différent) ; il nous dit que « *Tant qu'une catastrophe ne contraint pas à la réforme, on ne bouge pas ; elle oblige à changer la manière de vivre ensemble* ».

Personnellement, je pense que la lecture du livre de Pablo Servigne et Raphaël Stevens (« *Comment tout peut s'effondrer* », 2015) peut être stimulante. Elle nous aide à nous préparer à la possibilité de perdre ce à quoi nous tenons pour nous rendre disponibles à ce qui arrive.

D'autant plus que les auteurs ont écrit trois ans plus tard (avec la collaboration de Gauthier Chapelle) un deuxième ouvrage (« *Une autre fin du monde est possible* », 2018), qui ouvre des perspectives fécondes par le biais d'une « collapsosophie » fondée sur un cheminement intérieur dans le cadre d'une remise en question radicale de notre vision du monde. Ils y prônent un travail sur les émotions et la reliance comme antidote, non pas à l'effondrement, mais au mal vivre qui nous attend ; et la remise en question des structures hiérarchiques pyramidales si caractéristiques de nos institutions.

> Un organisme a été récemment fondé par le psychologue Pierre-Eric Sutter et l'économiste Loïc Steffan : l'Observatoire de Vécus du Collapse (OBVECO). En analysant plusieurs centaines de témoignages, les chercheurs ont dressé un portrait-robot du « collapsonaute » (une personne qui croit qu'un effondrement systémique global est tout à fait possible de son vivant) ; et conclu que « l'éco anxiété » ne conduit pas forcément à la dépression !

Conclusion

La notion d'effondrement force à penser la finitude de la planète et le message des collapsologues a le mérite de susciter des débats plus que nécessaires.

Il serait cependant trompeur de croire que leur constat émane d'un regard « objectif » sur le monde, sans aucun jugement de valeur. Leur vision, très imprégnée des méthodes épistémologiques des sciences de la nature, est un point de vue, parmi d'autres possibles, sur une réalité qui est à la fois naturelle et sociale (avec le risque souligné par les sociologues d'une naturalisation des rapports sociaux). Les sociologues insistent aussi sur le fait, dont la collapsologie ne parle guère, que les impacts de la catastrophe annoncée ne seront pas les mêmes pour tous les êtres humains en raison de leurs profondes inégalités socio-économiques.

Quant au débat relatif à l'effet suscité par un tel discours (mobilisation pour l'action ou fatalisme ?), je penche personnellement, comme les philosophes Dupuy et Latour, pour la première de ces hypothèses.

« Il s'agit de se projeter dans l'après catastrophe pour que l'image soit suffisamment repoussante pour déclencher l'action dans une réaction d'anticipation »
JP Dupuy (philosophe)

« La collapsologie vise à nous apprendre à vivre avec les mauvaises nouvelles et les changements qu'elles annoncent afin de nous aider à trouver la force et le courage d'en faire quelque chose qui nous transforme »
Bruno Latour (philosophe et sociologue)

Pourquoi tant de déni ?

« Ce qui fait bouger les hommes c'est un danger immédiat »
Dominique Bourg (philosophe et sociologue)

Un déni passif

A l'opposé de cet espoir d'une prise de conscience, il faut bien reconnaître que nous sommes encore face à une attitude de déni très fréquente. Le déni ce n'est pas nier un problème. C'est « faire comme si de rien n'était »… et continuer de se comporter comme avant.

Pourtant, nous dit l'épidémiologiste belge Marius Gilbert, « l'impact sanitaire du changement climatique est bien plus important que celui du coronavirus… Si on comptait les morts à prévoir comme on est en train de le faire pour le Covid on se rendrait compte qu'il est plus meurtrier »

Il ne s'agit pas du déni actif des climatosceptiques, mais plutôt du développement d'un « déni passif » de dédramatisation, qui a pour résultat une relativisation des mises en garde des scientifiques et donc une absence de pression sur les responsables politiques. Dans un vague espoir que « tout finira par s'arranger », qui endort notre vigilance et entrave le passage à l'action. Il peut même y avoir un refus de s'informer, car il est des a priori qui empêchent de recevoir certaines connaissances.

> La métaphore de la grenouille (présentée par Al Gore dans le film « *Une vérité qui dérange* ») est ici particulièrement éclairante : si vous plongez une grenouille dans de l'eau bouillante, elle aura le réflexe immédiat de se sauver en sautant hors du pot. Si vous la mettez dans de l'eau froide que vous réchauffez progressivement, elle se laissera mourir… faute d'avoir perçu le danger à temps !
>
> Avec toutefois deux différences majeures : pour la grenouille le temps de l'ébullition est connu au terme d'un processus d'échauffement linéaire ; et elle n'a pas conscience du danger ! Ce qui nous attend, nous, faute d'une réaction salvatrice rapide, est impossible à déterminer ; et il nous devient de plus en plus difficile de rester dans le déni.

Vidé de sa charge émotionnelle, le discours critique sur le climat et la croissance n'a que peu d'impact sur les esprits. Il semble qu'en matière de dégradation de l'environnement, plus particulièrement, comme le dit A-C Prévot (biologiste), « *savoir ne suffit pas, il faut le vécu* ». Or, non seulement nous n'avons pas une perception immédiate des conséquences futures de nos comportements actuels, mais nous pouvons encore moins mesurer les bénéfices à long terme d'un changement de nos modes de vie en transformant certains renoncements en perspectives de bonheur.

D'après les psychologues de l'environnement, les générations présentes souffrent d'une « amnésie environnementale » qui grandit à mesure que disparaît notre expérience concrète de la nature. Cela ne semble heureusement pas le cas d'une grande part de la jeunesse d'aujourd'hui !

Une perception individualiste et à court terme

Il faut bien reconnaitre que si les dangers qui nous menacent perturbent déjà les équilibres planétaires, la vie des individus en est encore peu affectée. En Occident tout au moins, car de nombreuses populations « du Sud » sont déjà les grandes victimes d'inondations côtières et de pollutions !

Quand l'impact est distant, dans l'espace et dans le temps, la perception de la menace est beaucoup plus diffuse ; et un processus de changement collectif de comportement beaucoup plus difficile à s'installer.

Il y a ceux qui, pour agir, attendent que les autres fassent le premier pas. Et aussi tous ceux qui ne croient pas qu'ils ont le pouvoir de faire changer les choses… et qui vivent dans le seul souci de leur présent individuel sans trop se poser la question d'un lendemain collectif.

Une information inégalement perçue

Malgré une diffusion de plus en plus large des raisons de s'alarmer, le message n'a pas encore atteint l'humanité entière.

Tel le Titanic, notre planète est un vaisseau en mouvement, peuplé de plus de 7 milliards d'habitants dont l'avenir est aujourd'hui menacé sans qu'ils en aient toujours conscience. Cette métaphore est doublement interpelante : les passagers du Titanic ont poursuivi leur vie à bord paisiblement, inconscients du danger pourtant déjà inéluctable ; et, après le choc contre l'iceberg, seuls les plus riches d'entre eux s'emparèrent des canots qui assureront leur survie…

Un besoin de lucidité et d'action

> *« Ce qui manque c'est la conscience du danger... Mais il ne faut parfois pas grand-chose pour qu'une prise de conscience sociétale prenne une ampleur telle que la révolution devient une évidence »*
> Jean-Pascal van Ypersele (climatologue)

Il me semble que la différence est grande entre lucidité et catastrophisme. Ce dernier conduit à l'angoisse, puis au déni ou au fatalisme. La lucidité, au contraire, nous motive à agir.

Remarquons d'abord que le slogan « *Sauvons la Planète* » des jeunes manifestants pour le climat est un choix porteur, mais discutable : ce n'est pas tant la planète qu'il nous faut préserver (elle en a vu bien d'autres depuis ses 4 milliards d'années d'existence !), mais l'avenir de l'Humanité. La majorité des autres espèces peut parfaitement vivre sans nous ; l'extinction de l'espèce Homo sapiens est très peu probable, mais si cela devait arriver un jour, la planète, elle, serait toujours porteuse de Vie.

Ce qui est menacé, c'est nos choix de civilisation, ce mode de vie hyper-consommateur d'énergie et de ressources naturelles dans le cadre géophysique limité que nous impose la planète. Et il n'est pas aisé de l'admettre !

Cependant, comme nous le verrons dans un dernier chapitre, une conscience citoyenne s'éveille de par le monde ; une lucidité qui pousse à l'action.

Une action qui sera d'autant plus efficace qu'elle s'ancrera dans une compréhension accrue de la complexité des réalités concrètes à affronter. Une action collective qui demandera la mise en œuvre de synergies dans un esprit de solidarité à travers l'espace et le temps.

Une autre vision possible de notre avenir

« La croyance que rien ne change provient soit d'une mauvaise vue, soit d'une mauvaise foi. La première se corrige, la seconde se combat »
Friedrich Nietzsche

Introduction

Nous avons vu que les raisons de s'inquiéter sont nombreuses et sérieuses. Les souligner, le plus objectivement possible, m'est apparu comme une nécessité.

Mais ma réflexion m'a conduite également à la découverte de très nombreuses raisons d'espérer en une transition possible vers un monde nouveau. Elles font l'objet d'un second volume, complémentaire du premier (et plus épais que lui !) : *« Un monde nouveau en devenir, des raisons d'espérer »*, 2020.

Il ne s'agit pas de l'espoir « passif » de celui qui attend en pensant que les choses vont s'arranger… mais bien d'un l'espoir « actif » : une espérance en mouvement, ouverte à tous les possibles.

Une espérance qui s'inscrit dans le cadre d'une mutation culturelle qui a profondément marqué le passage du XXe au XXIe siècle, caractérisée par deux faits majeurs en étroite liaison : la prise de conscience collective grandissante de la nécessité d'un changement de civilisation et la révolution du numérique.

La prise de conscience d'un risque et d'une urgence

> *« Chaque demi-degré, chaque année, chaque choix compte »*
> Valérie Masson-Delmotte (paléoclimatologue et Présidente du GIEC)

Vers où va le monde ? Une question existentielle qui semble s'imposer à l'approche du terme de ce premier quart du XXIe siècle !

Depuis plusieurs années, une convergence de faits me semble témoigner d'un virage collectif salutaire. J'ai le sentiment, en effet, que nous sommes entrés dans une dynamique positive de véritable mutation culturelle.

Une sorte d'emballement annonciateur d'un sursaut collectif, qui s'explique peut-être parce que l'expérience des dérèglements du climat et de la destruction du vivant devient plus sensible.

> Nos étés européens deviennent caniculaires, des insectes ne s'écrasent plus sur nos pare-brises ; les cyclones tropicaux dévastateurs sont plus violents et plus fréquents... De nombreuses populations pauvres des pays non occidentaux souffrent déjà de la remontée du niveau marin ou de sécheressesrécurrentes.

Les indices d'une telle mutation se multiplient en Europe, que ce soit dans les médias et la publicité, dans la place occupée par les ouvrages de vulgarisation scientifique en librairie et, depuis peu, dans les déclarations des responsables politiques de tous bords.

Le temps est aux remises en question ! Chaque jour nous apporte des messages récurrents qui en témoignent. Il y a là beaucoup plus qu'un simple « greenwashing » à la mode à des fins commerciales ou électoralistes.

Certes les sensibilités sont diversifiées. Beaucoup ne parlent que du climat. D'autres se focalisent sur la perte de la biodiversité. Nombreux sont ceux qui s'inquiètent pour leur emploi ou leur pension. Certains stigmatisent l'aggravation des inégalités sociales.

Les uns voient la solution première dans l'innovation technologique (la foi dans le progrès technique comme solution à tous les problèmes !) ; les autres dans la remise en question (plus ou moins radicale) du système capitaliste néolibéral…

Mais j'ai l'impression que tout le monde, de nos jours, se préoccupe du futur et ressent un profond besoin de changement face à l'évolution inquiétante de l'écosystème Terre (humanité comprise !) telle que j'ai voulu l'évoquer dans ce livre.

Ce besoin généralisé de changement se traduit déjà par une multitude d'initiatives concrètes porteuses d'espoir que j'ai tenté de rassembler dans un second ouvrage.

> *« Le monde nous appelle à le réenchanter, à nous découvrir et à nous transformer en lui, avec lui »*
> Jim Dratwa (physicien et philosophe)

Mais avant de clôturer celui-ci, je pense nécessaire de parler de cette autre mutation culturelle qui a profondément marqué le passage du XXe au XXIe siècle qu'est la révolution numérique.

Elle a en effet largement contribué tant à favoriser la prise de conscience d'un avenir du monde inquiétant qu'à en générer les causes.

La révolution du numérique

> *« Internet, comme tous les nouveaux outils deviendra ce que nous voulons qu'il devienne. Il pourra amplifier nos problèmes si nous agissons de manière inconséquente, mais aussi continuer d'être ce fabuleux outil qui a fait pénétrer l'humanité dans une ère nouvelle »*
> Frédéric Lenoir (sociologue et philosophe)

Un monde digital globalisé

Dans un monde global connecté, l'internet a révolutionné les possibilités de communication et a multiplié l'accès à l'information (y compris malheureusement le danger des « fake news »).

> Je ne pense pas que la jeune génération actuelle mesure à quel point cette mutation est novatrice (car, comme Obélix, *ils sont tombés dedans quand ils étaient petits* !).

Cette révolution technologique a profondément modifié notre relation à l'espace et au temps. Elle n'est évidemment pas étrangère à la prise de conscience d'un avenir commun en danger et elle fonde beaucoup d'espoirs. Le numérique permet, en effet, d'élaborer des modèles prévisionnels grâce à l'analyse d'un nombre massif de données (notamment les prévisions météo) ; il fonde aussi le développement des engins connectés et de l'intelligence artificielle.

Un exemple, parmi d'autres, d'une utilité future :

> Un documentaire récent d'ARTE (« *Architecture du futur Réinventer les espaces* », 2019) parle de villes du futur conçues à l'aide de simulations numériques permettant d'évaluer l'impact d'un projet dans lequel les citoyens pourraient être impliqués.
> Des « villes-étagères » adaptables, avec des quartiers d'habitat flexibles et de multiples lieux de rencontre… qui pourraient remplacer les villes tentaculaires fondées sur la voiture et les villes en hauteur fondées sur l'ascenseur !

La demande de connections virtuelles a véritablement explosé depuis le début du XXIe siècle.

> La pandémie du Covid-19 en 2020 a suscité une inflation des relations virtuelles à distance ainsi que l'irruption massive de l'ordinateur dans l'enseignement. Sans cette possibilité, les exigences de confinement auraient été beaucoup plus difficiles à supporter, tant du point de vue individuel que sociétal.

Une explosion du virtuel qui a cependant des aspects problématiques.

Les problèmes posés par le numérique

Mais, comme le fut la révolution du pétrole, celle du numérique n'a pas que des apports très utiles... elle a aussi de fâcheuses conséquences !

- Un grand impact écologique

Nous l'avons évoqué dans un chapitre précédent, cette technique numérique que l'on dit « virtuelle », nécessite en réalité d'énormes investissements matériels !

> « *La promesse de dématérialisation de l'économie par le numérique est une cruelle plaisanterie* » déclare l'économiste français Eloi Laurent interviewé par le journal belge Le Soir en janvier 2020 ; chaque innovation digitale a augmenté la consommation des ressources naturelles.

Internet est un grand consommateur d'énergie ; pour les équipements nécessaires beaucoup plus que par son utilisation (cette dernière n'est très énergivore que pour la 4G et les vidéos en haute définition).

> On pense évidemment d'abord à la multiplication des divers appareils de consommation (ordis portables, smartphones, tablettes et autres objets connectés).
>
> Mais sait-on qu'une écrasante majorité des flux numériques passe par des câbles sous-marins de fibres optiques (pour un total d'1,3 millions de km soit plus de 30 fois le tour de la terre !) ? Ils sont posés sur le plancher océanique et vulnérables aux tremblements de terre ; il faut aller les réparer lorsqu'ils tombent en panne.
> L'océan Atlantique est le plus encombré en matière de connections sous-marines (près de 20 câbles le traversent). Cette infrastructure de câbles a d'abord été placée par les opérateurs de télécommunication et louée aux autres utilisateurs. Puis, deux géants du net (Facebook, Microsoft) ont décidé d'installer leur propre câble transatlantique commun ; et Google a fait de même entre les USA et le Japon.
>
> Par ailleurs des data-centers géants dispersés de par le monde, ont été construits par les GAFAM, où sont conservées les données de

leurs clients (dans ce qu'on appelle le « cloud », qui n'a en réalité rien d'un nuage !).

Le numérique est donc à la fois un très grand consommateur de ressources épuisables et un très grand émetteur de gaz à effet de serre !

Les médias en ont récemment pris conscience, qui commencent à nous inciter à la « sobriété numérique ». Quelques conseils pour une consommation numérique écoresponsable :

- Faire durer ses appareils le plus longtemps possible et en racheter d'occasion
- Ne pas les laisser ouverts inutilement
- Préférer le wifi à la 4G (3 fois plus énergivore)
- Diminuer son temps de vision de vidéos
- Nettoyer régulièrement sa boite mail
- Faire ses recherches via un serveur qui propose des compensations environnementales possibles (comme Lilo)

- Les dérives des réseaux sociaux

Le développement des réseaux sociaux est l'exemple même de l'innovation numérique séduisante. Leur succès a été très rapide. Ils sont les vecteurs d'un renforcement des liens entre personnes éloignées ; leur pouvoir est puissant pour mobiliser les gens en faveur d'une cause.

> L'élan de solidarité bruxelloise envers les migrants réfugiés dans le parc Maximilien en est la preuve.
>
> C'est via Twitter qu'ont pu se diffuser largement les mouvements féministes « # metoo » et « # balance ton porc » qui ont permis, grâce à la libération de la parole, une prise de conscience aujourd'hui largement partagée.

Ils sont malheureusement également porteurs de graves effets potentiels négatifs. Notamment parce qu'une implication massive dans ces réseaux incite à une « action-réaction » dans l'immédiateté qui réduit le temps de la réflexion et l'exercice d'un esprit critique.

Twitter, plus particulièrement, est devenu un moyen de se donner l'illusion d'agir, par une parole impulsive dont la brièveté supprime toute nuance et l'immédiateté favorise l'expression des colères et des haines.

> Les réseaux sociaux permettent des pratiques de harcèlement aux graves conséquences psychologiques (qui peuvent aller jusqu'au suicide). Les adolescents en sont les premières cibles. A un point tel qu'une application numérique vient d'être créée en Belgique pour contrer le cyber-harcèlement (Cyberhelp) ; elle permet l'appel à l'aide et la prise en charge de la victime et lui propose divers moyens d'action.
>
> Ils peuvent aussi favoriser des opérations d'arnaque à des fins financières ou sexuelles.
>
> Par leur pouvoir de manipulation, ils peuvent mettre en danger la démocratie. L'exemple du récent succès électoral du Vlaams Belang (le parti belge d'extrême-droite flamand), est le résultat d'une stratégie délibérée d'investissement financier massif dans les réseaux sociaux : pour les élections d'octobre 2019, ce parti a dépensé cinq fois plus que tous les autres partis confondus ; ce n'est certainement pas étranger à son score historique de 800.000 voix !

La libération de la parole sur ces réseaux est le mode de diffusion privilégié des messages de haine raciste (qui dans le cas du Vlaams Belang, se focalisent aujourd'hui sur le rejet des musulmans).

Salvini et Trump ont fait de Twitter une véritable arme, moins pour convaincre que pour s'assurer l'allégeance de leur électorat ; avec des messages clivants sans la moindre nuance.

> Dans le cas de Trump ce jeu tactique a viré à un véritable matraquage quotidien (avec une moyenne de 26 tweet par jour !) dont des milliers de mensongers (il est question de 18.000 déclarations fallacieuses ; le Washington Post en a fait le recensement).

On assiste de nos jours à une inquiétante banalisation de la violence verbale sur les réseaux sociaux ; parce qu'ils jouent caisse de résonance, la haine en ligne peut même conduire à de la violence physique.

> L'horreur de l'assassinat de ce professeur d'histoire récemment décapité (pour avoir montré des caricatures de Mahomet dans le cadre d'un cours sur la liberté d'expression dans un collège français), semble avoir été une conséquence directe de la diffusion de messages de haine surFacebook

- L'impact d'une information clivée

Le problème fondamental se pose de la fiabilité et de l'objectivité de l'information trouvée sur internet ; une objectivité qui est un idéal dont seule la multiplication des subjectivités permet de se rapprocher.

Notre dépendance actuelle à l'égard de quelques firmes transnationales géantes américaines aux impacts manipulateurs addictifs est un obstacle à cette recherche d'objectivité : pour mieux exploiter nos données privées à des fins mercantiles, leurs algorithmes tendent au renforcement de nos opinions en nous maintenant dans notre « zone deconfort ».

> Google est attaqué en justice (par la Commission européenne d'abord, puis le Gouvernement américain) pour « abus de position dominante » en tant que moteur de recherche installé par défaut sur de nombreux appareils.

L'impact des « influenceurs » peut être considérable, sans qu'aucun contrôle ne s'exerce sur la teneur de leurs messages. De véritables stratégies se sont développées (de la part de groupes privés ou d'Etats) dotées d'une force de frappe considérable sur les esprits. Elles peuvent conduire à la diffusion d'ahurissantes « théories du complot » !

- La « fracture numérique »

Si le smartphone est devenu le compagnon indispensable des jeunes du monde entier, c'est loin d'être le cas de l'ordinateur portable (dont l'usage est pourtant très bénéfique dans le monde de l'éducation) !

Pendant les périodes de confinement et déconfinement imposées par la pandémie du Covid-19, les étudiants moins bien équipés ont été défavorisés.
Faute d'une maîtrise technique suffisante, les personnes âgées se retrouvent souvent marginalisées.

Chez les populations « du Sud », l'usage se limite, pour beaucoup, à la possession d'un smartphone dont le fonctionnement est tributaire des moyens financiers de payer l'abonnement et de la qualité très inégale des réseaux.

Conclusion

La question ne se pose pas de renoncer à multiplier l'exploitation des technologies digitales (pour autant, faut-il le rappeler, que le permettent les ressources en matières premières nécessaires !) ... mais bien de garder un recul critique et de se demander dans quelle mesure elles nous apportent des raisons d'espérer.

Comme le digital s'est développé plus vite que le droit, il est difficile d'éviter les dérives. Il appartiendra aux générations futures d'encadrer ces nouvelles technologies pour en limiter les emplois néfastes.

Remarquons que, face aux transnationales du net, la récupération d'une souveraineté numérique est possible. Diverses tentatives existent dans le sens d'une « open source ».

Wikipédia en est un exemple : cette encyclopédie co-construite par des collaborateurs bénévoles du monde entier et consultée par des millions de visiteurs par an, a le grand intérêt d'être en constance évolution suite au regard critique de ses propres utilisateurs. Avec, cependant, le défaut d'attribuer à la parole de « tout un chacun » le même poids qu'à celle des professionnels.
Les Fab Lab (« laboratoire de fabrication ») sont un réseau mondial, mis en place et encadré par le MIT (Massachusetts Institut of Technology) à la fin des années 1990, de laboratoires locaux ouverts au public, qui donnent accès à divers outils de

fabrication numérique ; de tels espaces de création collaborative se sont ensuite multipliés en France.

On songe, aussi dans l'esprit d'une « open science », à un large partage de l'information par la mise à disposition des cours universitaires au grand public.

Par ailleurs, la conception des algorithmes, conçus par une minorité d'informaticiens dont nos démarches intellectuelles sont devenues tellement dépendantes, est remise en question. Le philosophe Bernard Stiegler est l'initiateur d'un groupe de recherche en vue d'y intégrer les caractéristiques du vivant.

Et pour terminer, trois pensées à méditer

« Notre mode d'habitation du monde doit être repensé »
Emilie Hoche (philosophe)

« Le principal élément d'espoir est l'intérêt croissant des êtres humains pour la défense de la planète »
Hubert Reeves (astrophysicien)

« Il est possible de construire des transitions éthiques et justes en portant une attention particulière à ceux qui sont les plus vulnérables »
Valérie Masson-Delmotte (Paléoclimatologue et présidente du GIEC)

Dans un second livre, complémentaire de celui-ci, je rassemble un très grand nombre de faits récents qui témoignent qu'une transition écologique et sociale vers un autre monde est déjà en cours :

« *Vers un monde en devenir, des raisons d'espérer* »,
L'Harmattan, 2020.

Principales références bibliographiques

ALGEN, COHEN et FOUCAULT, *Les origines du populisme*, Seuil, 2019

BELOTTI Elena, *Du côté des petites filles*, Editions des femmes, 1974

BIHOUIX Philippe, *L'âge des low tech*, Seuil, 2014

BLANCHON David, *Géopolitique de l'eau*, Le cavalier bleu, 2019

CENTRE TRICONTINENTAL, *L'eau, patrimoine commun de l'humanité*, L'Harmattan, 2002

CHAPELLE Gauthier et DECOUST Michèle, *Le vivant comme modèle*, Albin Michel, 2015

DE ROSNAY Joël, *Le macroscope, Vers une vision globale*, Seuil, 1975

DE ROSNAY Joël, *L'homme symbiotique*, Seuil, 1995

DETREZ Christine, *Quel genre ?* Editions Thierry Magnier, 2015

DUVAT Virginie et MAGNAN Alexandre, *Ces îles qui pourraient disparaître*, Le Pommier, 2012

GOLDBERG Elkhonon, *Les prodiges du cerveau ou comment l'esprit se bonifie avec l'âge*, Robert Laffont, 2005

GRATALOUP Christian, *Géohistoire de la mondialisation, le temps long du monde*, Armand Colin, 2010

JACQUARD Albert, *Voici le temps du monde fini* , Seuil, 1991

JACQUARD Albert, *J'accuse l'économie triomphante*, Calman-Lévy, 1995

KELINER Thierry, *Questions politiques d'actualité en Chine*, cours donné à l'ULB en 2019

LAUREYS Steven, *La méditation, c'est bon pour le cerveau,* Odile Jacob, 2019

LE BRAS Hervé, *Les limites de la planète*, Flammarion 1994

LENOIR Frédéric, *La guérison du monde*, Fayard 2012

MAGNY Michel, *Aux racines de l'anthropocène, une crise écologique reflet d'une crise de l'homme*, Le bord de l'eau, 2019

McNEILL John R., *Du nouveau sous le soleil*, Champ Vallon, 2010

MERENNE-SCHOUMAKER Bernadette, *Géographie de l'énergie*, Belin, 2007

MOSCONI Nicole, *De la croyance à la différence des sexes*, L'Harmattan - Pepper, 2016

OST François, *La nature hors la loi, l'écologie à l'épreuve du droit*, La découverte, 1995

PITRON Guillaume, *La guerre des métaux rares*, Les liens qui libèrent, 2018

SOUCHEZ Roland, *Les glaces polaires*, Editions de l'université de Bruxelles, 1988

VARGAS Fred, *L'humanité en péril*, J'ai lu, 2020

VIDAL Catherine et BENOIT-BROWAEYS Dorothée, *Cerveau, sexe et pouvoir*, Belin 2005

La vérité sur la viande, ouvrage collectif (appel de 23 experts internationaux), les arènes, 2010

La référence des nombreux films documentaires visionnés est donnée dans le cours du texte.

Les nombreux articles de presse consultés proviennent majoritairement du journal belge *Le Soir* et des magazines *Imagine (le magazine belge francophone des mutations en cours et à venir)* et *Sciences Humaines.*

Table des matières

Structures éditoriales du groupe L'Harmattan

L'Harmattan Italie
Via degli Artisti, 15
10124 Torino
harmattan.italia@gmail.com

L'Harmattan Hongrie
Kossuth l. u. 14-16.
1053 Budapest
harmattan@harmattan.hu

L'Harmattan Sénégal
10 VDN en face Mermoz
BP 45034 Dakar-Fann
senharmattan@gmail.com

L'Harmattan Cameroun
TSINGA/FECAFOOT
BP 11486 Yaoundé
inkoukam@gmail.com

L'Harmattan Burkina Faso
Achille Somé – tengnule@hotmail.fr

L'Harmattan Guinée
Almamya, rue KA 028 OKB Agency
BP 3470 Conakry
harmattanguinee@yahoo.fr

L'Harmattan RDC
185, avenue Nyangwe
Commune de Lingwala – Kinshasa
matangilamusadila@yahoo.fr

L'Harmattan Congo
67, boulevard Denis-Sassou-N'Guesso
BP 2874 Brazzaville
harmattan.congo@yahoo.fr

L'Harmattan Mali
Sirakoro-Meguetana V31
Bamako
syllaka@yahoo.fr

L'Harmattan Togo
Djidjole – Lomé
Maison Amela
face EPP BATOME
ddamela@aol.com

L'Harmattan Côte d'Ivoire
Résidence Karl – Cité des Arts
Abidjan-Cocody
03 BP 1588 Abidjan
espace_harmattan.ci@hotmail.fr

L'Harmattan Algérie
22, rue Moulay-Mohamed
31000 Oran
info2@harmattan-algerie.com

L'Harmattan Maroc
5, rue Ferrane-Kouicha, Talaâ-Elkbira
Chrableyine, Fès-Médine
30000 Fès
harmattan.maroc@gmail.com

Nos librairies en France

Librairie internationale
16, rue des Écoles – 75005 Paris
librairie.internationale@harmattan.fr
01 40 46 79 11
www.librairieharmattan.com

Librairie l'Espace Harmattan
21 bis, rue des Écoles – 75005 Paris
librairie.espace@harmattan.fr
01 43 29 49 42

Lib. sciences humaines & histoire
21, rue des Écoles – 75005 Paris
librairie.sh@harmattan.fr
01 46 34 13 71
www.librairieharmattansh.com

Lib. Méditerranée & Moyen-Orient
7, rue des Carmes – 75005 Paris
librairie.mediterranee@harmattan.fr
01 43 29 71 15

Librairie Le Lucernaire
53, rue Notre-Dame-des-Champs – 75006 Paris
librairie@lucernaire.fr
01 42 22 67 13

www.ingramcontent.com/pod-product-compliance
Lightning Source LLC
LaVergne TN
LVHW021215061026
849535LV00008B/2750
9782343218922